파크 골프

연수교재

이기세 박창완 김은숙 최지숙 곽지영
김진희 이용완 신영미 김보영

대경북스

파크골프 연수교재

1판 1쇄 인쇄 2025년 9월 25일
1판 1쇄 발행 2025년 9월 30일

지은이 이기세 박창완 김은숙 최지숙 곽지영 김진희 이용완 신영미 김보영

발행인 김영대
펴낸 곳 대경북스
등록번호 제 1-1003호
주소 서울시 강동구 천중로42길 45(길동 379-15) 2F
전화 (02)485-1988, 485-2586~87
팩스 (02)485-1488
쇼핑몰 https://smartstore.naver.com/dkbooksmall
e-mail dkbookss@naver.com

ISBN 979-11-7168-113-6 93690

※ 이 책은 저작권법에 따라 보호받는 저작물이므로 무단전재와 무단복제를 금지하며,
    이 책 내용의 전부 또는 일부를 이용하려면 반드시 저작권자와 대경북스의 서면 동의를 받아야 합니다.
    본 책에 수록된 해부학 일러스트 저작권은 대경북스에 있습니다.

※ 잘못된 책은 구입하신 서점에서 바꾸어 드립니다.

※ 책값은 뒤표지에 있습니다.

들어가는 글

도심 속을 벗어나 자연을 벗 삼아 걷고, 함께 웃고, 즐기는 스포츠가 있다면 어떨까요? 파크골프는 남녀노소 누구나 쉽게 즐길 수 있는 평생 스포츠로, 최근 대한민국 전역에서 그 인기가 빠르게 확산되고 있습니다. 작은 공 하나에 집중하며 걷고, 치고, 대화를 나누는 그 순간들 속에 건강과 행복이 깃들어 있습니다.

파크골프는 복잡한 장비나 고난도의 기술 없이도 쉽게 접근할 수 있으며, 적당한 운동량과 즐거운 경쟁 요소를 함께 갖추고 있어, 특히 중·장년층과 시니어 세대에게 큰 호응을 얻고 있습니다. 무엇보다도 자연 속에서의 플레이는 심신의 힐링 효과를 선사하며, 고립된 일상에서 벗어나 새로운 사회적 교류의 장을 열어 줍니다.

최근 몇 년간 국내에서는 지자체 주도의 파크골프장 조성이 급속도로 이루어지며 전국 곳곳에 18홀, 36홀 규모의 코스들이 속속 생겨나고 있습니다. 대한파크골프협회를 중심으로 한 체계적인 경기 운영과 전국 단위의 대회 개최는 파크골프를 단순한 취미생활을 넘어 '생활 스포츠'로 자리매김하게 했습니다. 아울러 파크골프는 고령화 시대의 건강 관리, 지역 공동체 활성화, 관광 자원으로서의 활용 가능성 등 여러 측면에서 미래 가치가 높은 종목으로 평가받고 있습니다.

이 책은 단순한 파크골프 입문서가 아닙니다. 파크골프 지도자 양성을 목표로 설계된 전문 교육 교재로서, 지도자로서 갖춰야 할 기본기, 규칙 이해, 안전 지도까지 아우르고 있습니다. 또한 파크골프뿐만 아니라 스포츠윤리, 실버스포츠 이론, 스포츠사회학, 운동생리학, 여가레크리에이션에 이르기까지 파크골프 지도자에게 필요한 이론적 내용도 포함하고 있습니다.

파크골프가 단순한 여가 활동을 넘어, 지역사회 건강과 활력의 매개체가 되기 위해서는 전문적이고 체계적인 지도자의 역할이 무엇보다 중요합니다. 이 책이 전국 각지에서 활동하게 될 훌륭한 지도자들의 길잡이가 되기를 바랍니다.

'100세 시대', 파크골프는 단순한 운동을 넘어 우리의 삶을 더 윤택하게 해줄 동반자가 되어줄 것입니다.

차 례

Part 01. 파크골프의 역사 ·· 09

    파크골프의 탄생 배경 ·· 11
    우리나라의 파크골프 발전사 ······································ 13

Part 02. 파크골프 장비와 복장 ······························· 15

    파크골프 기본 장비 ·· 17
    파크골프 복장 ·· 24

Part 03. 파크골프 필드의 구조 ······························· 27

    전체 코스 구성 ·· 29
    파크골프장의 주요 시설물 ··· 30
    파크골프장 설치물 ··· 34
    홀별 거리 ··· 37

Part 04. 파크골프 어드레스와 스윙 ························ 39

    파크골프 그립 ·· 41
    파크골프 스윙의 스탠스 ·· 44

파크골프 스윙의 어드레스 ·· 47
파크골프 단계별 스윙 ·· 49

Part 05. 샷의 종류와 방법 ·· 53

샷의 종류와 치는 방법 ·· 55
퍼　팅 ··· 60

Part 06. 파크골프 경기규칙 ··· 65

에티켓 ··· 67
경기규칙 ·· 70

Part 07. 파크골프 에티켓과 매너 ·· 91

안전 관련 매너 ·· 93
경기 매너와 에티켓 ·· 94

Part 08. 파크골프 경기 진행 방법 ·· 97

경기 진행 방법 ·· 99
국내외 파크골프 대회 ··· 104

Part 09. 파크골프와 건강 ·· 107

파크골프가 건강에 미치는 영향 ····································· 109
파크골프가 삶에 미치는 영향 ·· 111

Part 10. 파크골프와 스포츠윤리 ······ 113

    스포츠의 윤리적 기초 ······ 115
    스포츠윤리의 이해 ······ 117
    스포츠맨십 ······ 120
    페어플레이 ······ 122
    스포츠와 폭력 ······ 127
    스포츠와 인권 ······ 133

Part 11. 파크골프와 스포츠교육학 ······ 141

    스포츠교육학의 의미 ······ 143
    스포츠지도자 ······ 148
    스포츠지도를 위한 교수기법 ······ 154
    수업관리 전략 ······ 160

Part 12. 실버스포츠의 이해 ······ 173

    노화의 개념 ······ 175
    노화이론 ······ 177
    노인운동 ······ 181
    노인운동의 지도기법 ······ 186
    노인운동 시의 위험관리 ······ 187

Part 13. 스포츠 사회학 ······ 193

    스포츠사회학의 의의와 정의 ······ 195
    스포츠의 사회적 기능 ······ 197

스포츠사회학의 주요이론 ·· 200
스포츠와 교육 ·· 204
스포츠와 미디어 ··· 209
스포츠와 사회화 ··· 211
스포츠와 일탈 ·· 212
미래의 스포츠 ·· 215

Part 14. 운동생리학 ·· 217

운동생리학이란 ··· 219
인체의 에너지대사 ··· 223
영양과 영양소 ·· 225
운동과 식이 ··· 231

Part 15. 여가 레크리에이션 ·· 235

여가의 개념 ··· 237
레크리에이션의 개념 ·· 241
놀이 이론 ··· 245
유머치료 ·· 249

Part 01

파크골프의 역사

파크 골프(Park Golf)는 일본에서 시작된 비교적 새로운 스포츠로, 누구나 쉽게 즐길 수 있는 야외 활동으로 인기를 얻고 있다.

01 파크골프의 탄생 배경

1983년 일본 홋카이도 토치카 지방의 마쿠베츠정(幕別町)의 공무원인 오구로 시게키(小黒栄樹)는 러크리에이션 스포츠 개발에 앞장섰는데, 고령자도 즐길 수 있는 안전하고 간단하며, 자연을 해치지 않고 작은 공간에서 즐길 수 있고, 지역 주민들의 건강 증진과 커뮤니티 활성화에 도움을 주는 스포츠로 파크골프를 구상하고 보급하였다.

파크골프는 1983년부터 시작되었는데, 클럽 1개, 공 1개만 사용하는 단순한 구조에 정식 골프보다 훨씬 간단한 규칙으로 홋카이도의 지역 특성(평지, 7홀로 시작하여 자연친화적 공간)을 살려 설계된 짧은(최대 100m) 9홀 또는 18홀로 구성된 필드에서 경기를 하게 되었다.

파크골프는 1980년대 후반부터 일본 전역으로 확산되었으며, 1990년대에는 고령화 사회에 접어든 일본에서 건강 스포츠로 각광받았다. 곧 일본파크골프협회(JPGA)가 설립되면서 경기 규칙, 공인 코스 규정, 대회 개최 등 정식 체계가 확립되었고, 현재 일본에는 1,500개 이상의 코스가 설치되었으며, 등록 인구 수백만 명에 이르는 인기 스포츠가 되었다.

2000년대 이후에는 한국, 대만, 중국 등 동아시아로 확산되었다. 현재 파

크골프는 고령자뿐 아니라 가족 단위, 청소년, 장애인도 즐길 수 있는 전 연령 스포츠로 주목받고 있으며, 지속 가능한 녹색 스포츠로 환경 친화적 이미지가 부각되고 있다. 올림픽 종목 채택은 어려우나, 아시안게임·생활체육대회에서 채택 논의되고 있다.

02 우리나라의 파크골프 발전사

1. 도입기(2000년대 초반~2005년)

우리나라에는 2000년대 초반에 일본 홋카이도를 방문한 지방자치단체 관계자 및 체육 관계자들이 파크골프를 접하고 도입을 추진하였다. 진주 상락원 복지관의 6홀로 시작해 2004년 9홀짜리 여의도 파크골프장이 생기면서 확산되기 시작하였다. 곧 고령화 사회를 대비한 생활체육 종목으로 관심이 증가하였다. 2004년에 대한파크골프협회(KPGA)가 창립되면서 발전하기 시작하였다.

초기에는 경북 예천, 강원도, 경기 일부 지역 등에 공공 체육시설 중심으로 시범 조성되었으며, 주로 노인복지시설, 강변 공원 등을 활용하였다.

2. 성장기(2006년~2015년)

지방자치단체 중심으로 확산되었는데, 각 지자체에서 노인 건강증진 및 레저활동 장려를 위해 파크골프장 설치를 확대하였으며, 예천군, 남양주시, 김해시, 양산시 등에 선도적으로 다수의 코스 조성되었다.

이후 파크골프는 노년층을 중심으로 빠르게 확산되었으며, 생활체육 종목으로 자리잡으며 관련 동호회 및 클럽 증가하였다. 곧 시·도 단위의 협회 설립 및 전국대회, 지방대회가 개최되기 시작하였고, 대한체육회 소속 일부 지역 체육회에서 정식 종목으로 채택하였다.

3. 안정기 및 확대기(2016년~현재)

2020년 기준 전국 300개 이상 코스 운영 중이며, 특히 경북, 경남, 강원, 전남 등 자연 친화적 지역에 많이 건설되었다.

2020년에는 대한파크골프협회가 대한체육회 가맹 단체로 등록되었고, 일부 시도 체육대회 및 군민체전, 도민체전 정식 종목으로 채택되었다.

현재 전국단위 아마추어 대회, 기업 후원 대회, 커뮤니티 리그가 운영되고 있으며, 파크골프 지도자 과정이 운영되면서 전문 강사가 양성되고 있으며 심판제도 도입되었다. 파크골프는 중·장년층은 물론 청년, 청소년의 참여도 증가하였고, 가족 스포츠, 장애인 스포츠, 실버 스포츠로 주목받고 있다.

Part 02

파크골프 장비와 복장

01 파크골프 기본 장비

1) 클럽

파크골프에서는 드라이브, 아이언, 퍼터의 기능을 통합한 하나의 클럽(Club)으로 모든 구간(티샷~퍼팅)을 소화한다. 클럽의 길이는 일반적으로 86cm 이하인데, 개인 체형에 맞춰 선택하면 된다. 클럽의 무게는 약 600g 이하. 헤드는 대부분 강화 플라스틱, 우드, 금속 합금으로 만들어지고, 샤프트는 카본 또는 알루미늄을 재료로 만들어진다.

클럽을 선택할 때에는 자신의 키에 따라 적절한 길이를 선택하고 그립감과 헤드 무게 중심을 직접 확인하는 것이 좋다. 좋은 클럽의 가격은 20만 원 이상이다.

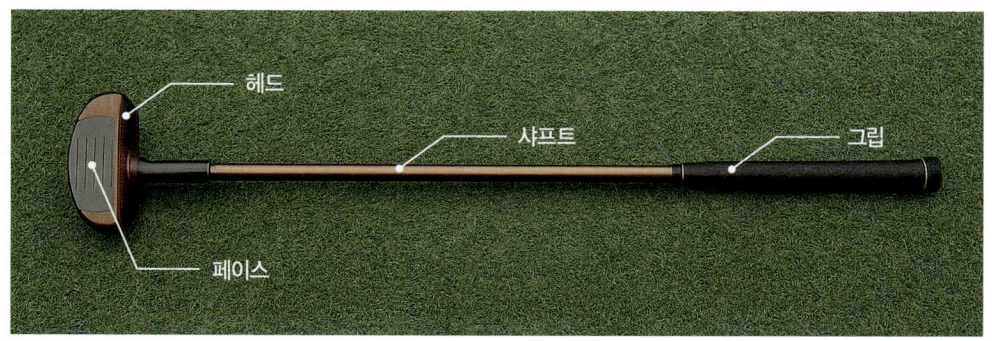

(1) 파크골프 클럽 헤드란

헤드(Head)는 공과 직접 맞닿는 부분으로 클럽의 중심부이며, 공의 방향, 거리, 안정성을 결정짓는 중요한 부위이다. 공을 정확하고 안정적으로 타격할 수 있도록 설계되어 일반 골프 클럽보다 부드럽고 넓은 구조로 되어 있다. 보통 우드(나무), 알루미늄 합금, 카본, 스테인리스 등의 재질로 만들어지며 무게는 약 600g 이하이다. 넓고 평평한 바닥에 무게 중심이 낮게 설계되어 공에 에너지를 전달하여 거리와 방향을 결정하는데, 직선형, 둥근형 등 형태에 따라 타구감 차이가 있다.

(2) 페이스

페이스(Face)는 공이 맞는 정면(헤드 전면)을 뜻한다. 페이스는 대부분 직각(0도) 또는 약간 열린 상태이며 골프 클럽처럼 로프트(각도)가 거의 없고 넓고 평평하다. 또한 무게중심이 낮아 안정적인 스윙이 가능하다. 이는 파크골프가 굴리는 타구 중심이기 때문이다. 미끄럼 방지를 위해 홈이 있거나 질감이 있게 처리되어 있다. 페이스가 공에 수직으로 정확히 맞아야 정타가 나온다. 페이스의 역할은 다음과 같다.

① 공의 방향을 결정한다.
② 공을 맞히는 위치와 각도에 따라 비거리가 달라진다.
③ 정확성을 확보해야 하는데, 중심에 맞으면 일직선으로 뻗어나간다.

(3) 샤프트

샤프트(Shaft)는 클럽의 몸통이자 헤드와 그립을 연결하는 막대 부분으로 알루미늄, 스틸, 카본 등의 재질로 이루어진다. 길이는 보통 보통 85~90cm로 자신의 신장에 맞는 것으로 선택하면 된다. 샤프트는 일반적으로 유연한 편이나, 모델에 따라 탄성이 다르다. 스윙 시 힘 전달과 밸런스를 유지하는 핵심 구조로 대부분 직선형이지만 일부 모델은 미세한 곡선으로 처리되어 있다.

샤프트의 역할은 다음과 같다.

① 힘 전달 : 손에서 나오는 스윙의 힘을 클럽헤드로 전달한다.
② 거리 조절 : 샤프트의 탄성과 길이에 따라 공의 거리감이 달라진다.
③ 정확성 유지 : 흔들림 없이 중심을 유지해야 정확한 방향을 잡는 데 유리하다.

(4) 그립

그립(Grip)은 손으로 클럽을 잡는 부분이다. 고무, 합성수지 등 미끄럼을 방지하는 재질로 이루어져 있다. 적당한 쿠션감과 그립감이 있는 것이 좋고 손 크기에 맞게 두께를 선택하면 된다. 그립은 손의 미끄러짐을 방지하고 방향성과 타구의 안정성을 향상하는 작용을 한다. 땀이 많다면 장갑을 착용하는 것이 좋다.

그립의 역할을 다음과 같다.

① 안정적인 스윙 : 클럽이 손에서 미끄러지지 않도록 잡아주는 역할
② 방향성 조절 : 올바른 그립은 클럽페이스의 방향을 일정하게 유지해 준다.
③ 충격 흡수 : 샷의 진동과 충격이 손에 전달되지 않게 한다.
④ 일관된 샷 유지 : 손 위치를 통해 스윙 일관성을 유지한다.

2) 공

파크골프 공(Ball)은 지름 약 6cm, 무게는 80~95g으로, 고무, 우레탄, 플라스틱, 합성수지계 복합재로 만들어지며, 잔디 위에서 높이 튀지 않고 안정적으로 굴러가도록 설계되어 있다. 색상은 다양하며 대개 빨강, 노랑, 파랑 등 가시성 높은 색상을 사용한다. 표준 규격화되어 있으며 반발력과 경도에 따라 퍼포먼스에 차이가 있다.

초보자의 경우 부드러운 공을 사용하면 거리 조절이 쉽다. 밝은 색상의 볼

은 시인성이 좋아 쉽게 분실하지 않는다. 그래도 여분의 공을 준비하는 것이 좋다. 공에 번호나 이니셜 표기하기도 하는데, 숫자나 이름을 표시하면 다른 사람의 공과 혼동을 방지할 수 있다.

3) 티

티(Tee)는 티샷 시 공을 받쳐주는 받침대로 보통 플라스틱, 실리콘, 고무로 만들어지며, 브러쉬 형태도 있다. 2~3cm 정도의 크기다. 미끄럽지 않고 안정적인 형태가 좋다. 위가 뚫려 있어 공을 안정적으로 올릴 수 있고 바람에도 잘 견딘다. 일

부 코스에서는 티를 제공하거나 고정식 티를 사용하기도 한다.

4) 마커

공의 위치를 표시하기 위해 사용하는 작은 표시 도구다. 주로 동그란 플라스틱이나 금속으로 된 얇은 원형 판 형태이며, 파크골프 공 뒤쪽 바닥에 놓아 공을 잠시 치우거나 공 위치를 확인할 때 사용한다.

4) 기타 보조 장비

- **파크골프 가방**……클럽, 공, 티 등을 넣는 전용 가방(등짐 또는 토트백 형태)
- **파크골프 장갑**……손바닥 마찰을 줄여주고 그립감을 향상시킴(한 손 또는 양손 착용)
- **슈즈**……접지력 좋은 밑창 평평한 운동화 추천(스파이크 불필요)
- **볼집게**……공을 손으로 잡기 힘든 상황에서 사용한다.
- **모자/썬캡**……야외 활동 특성상 햇빛 차단 필수
- **선글라스**……눈부심 방지 및 공 식별에 도움

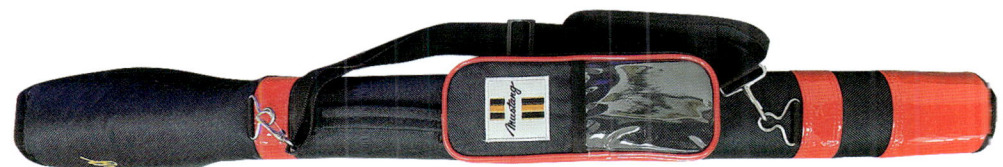

파크골프 가방

파크골프 장갑

파크골프 슈즈

모자

클럽헤드 커버

볼포켓

양면 타월

02 파크골프 복장

1) 기본적인 복장 가이드 라인

상의는 칼라가 있는 반팔/긴팔 티셔츠, 가벼운 운동용 재킷 등을 입는다. 하지만 노출이 지나친 복장은 피한다. 하의로는 면바지, 등산바지, 골프팬츠, 조깅복 등이 좋은데, 트레이닝복이나 청바지는 일부 구장에서는 제한되기도 한다. 신발은 미끄럼 방지 운동화나 골프화(스파이크 없는 것) 정도면 되는데, 잔디 훼손 우려로 일반 골프화 스파이크는 금지다.

볼캡, 썬캡, 등산모, 버킷햇 등 햇볕 차단 용도로 쓴다. 특히 여름철엔 자외선 차단이 무척 중요하다. 골프 장갑 또는 미끄럼 방지 기능이 있는 장갑을 양손 또는 한 손만 착용 가능하다. 그 외에 선글라스, 팔토시, 마스크 등 환경에 맞게 착용한다.

2) 복장 선택 시 계절별 팁

(1) 여름 : 시원함, 자외선 차단이 관건

통풍 잘되는 기능성 소재 티셔츠를 입고 팔토시나 쿨토시를 착용한다. 창 넓은 모자 또는 썬캡을 쓴다. 열 차단을 위해 흰색이나 밝은 색 계열이 좋다.

선글라스와 땀 흡수가 잘되는 양말을 착용한다.

(2) 봄과 가을 : 일교차 주의, 긴팔 이너 + 반팔 티셔츠

레이어드 가능한 긴팔 기능성 티에, 가벼운 바람막이, 집업 점퍼 등을 입고, 얇은 장갑을 착용하는 것이 좋다.

(3) 겨울(가능한 지역에 한함) : 기모이너, 방풍점퍼, 패딩조끼

내복과 겉옷 구성으로 보온 기능 의류가 좋다. 귀마개, 방한모자, 방풍 장갑 등을 착용하고, 미끄럼 방지 신발을 신는다. 온열 패치를 준비하고, 미끄럼 방지가 되는 신발을 신는다.

3) 피해야 할 복장

슬리퍼, 샌들류, 맨발의 경우, 발을 다칠 위험이 있고 안정성 부족하므로 권장되지 않는다. 스파이크 골프화는 코스 훼손 가능성 때문에 제한된다. 지나치게 짧거나 노출된 복장은 다른 이용자에게 불편함을 유발할 수 있으므로 삼간다. 청바지, 후드티, 정장바지, 나시티의 경우 활동성이 떨어지고, 일부 코스에서는 제한하는 경우도 있다.

4) 복장 매너와 관련된 유의사항

파크골프는 누구나 즐기지만 공공질서를 유지하는 스포츠이므로 단정함이 기본이다. 단체 이용 시 복장을 통일하는 것이 좋은데, 일부 동호회나 클럽은 단체복(조끼, 모자 등)을 착용하기도 한다. 우천 시에는 방수 재킷, 모자, 장갑을 별도로 준비한다.

Part 03
파크골프 필드의 구조

01. 전체 코스 구성

　파크골프장은 보통 공원, 하천변, 체육공원, 군부대 유휴지 등에 조성되며 평균 면적은 9홀 기준 5,000~10,000㎡, 18홀은 약 1~2만㎡이다. 천연잔디가 이상적이나 일부는 인조잔디, 흙길을 병행하는 곳이 있다. 대체로 자연 친화적 경사와 식생을 반영하고 장애물 조성도 가능하다. 편의시설로 벤치, 화장실, 정자, 기록표 게시판 등이 설치된다.

　파크골프장은 일반 골프장보다 규모는 작지만, 운동에 필요한 시설물이 잘 갖추어져 있으며, 시작부터 종료까지 거의 동일한 형상으로 설비되어 있어 경기 규칙에 따라 진행된다.

파크골프 코스는 골프 코스처럼 스트레이트, 도그레그, 오르막/내리막 등 다양하게 구성되어 있다.

02 파크골프장의 주요 시설물

1) 클럽하우스

이용자가 도착하면 처음 접하는 시설로, 운동 순서 확인, 용구 대여, 환복, 휴식 공간 제공한다. 음료수 및 간단한 음식을 판매하기도 한다.

2) 페어웨이

홀마다 목표점(그린) 방향으로 이어지는 길로, 잔디 길이는 약 30mm 유지한다. 폭은 3m 이상으로 잘 다듬어진 잔디 구역이다.

3) 러프(Rough)

페어웨이 좌·우측의 긴 잔디 구역이며, 잔디 길이는 50mm 이상이다. 공이 나가는 것을 제약해 난이도를 높이는 역할을 한다.

4) 벙커(Bunker)

페어웨이나 그린 주변의 난이도 조성 시설로 안에는 모래가 채워진다. 일반 벙커, 사이드 벙커, 크로스 벙커 등이 있다.

① 크로스 벙커 : 페어웨이를 가로질러 설치된 벙커

② 사이드 벙커 : 페어웨이를 따라 길게 만들어진 벙커

③ 그린 벙커 : 그린 주변에 설치된 벙커

벙커

5) 그린(Green)

각 홀의 목표 지점으로, 보통 지름 5m 이상 원형으로 조성된다. 잔디 길이는 약 20mm 유지(천연 또는 인조잔디)하며, 홀컵과 깃대가 설치된다.

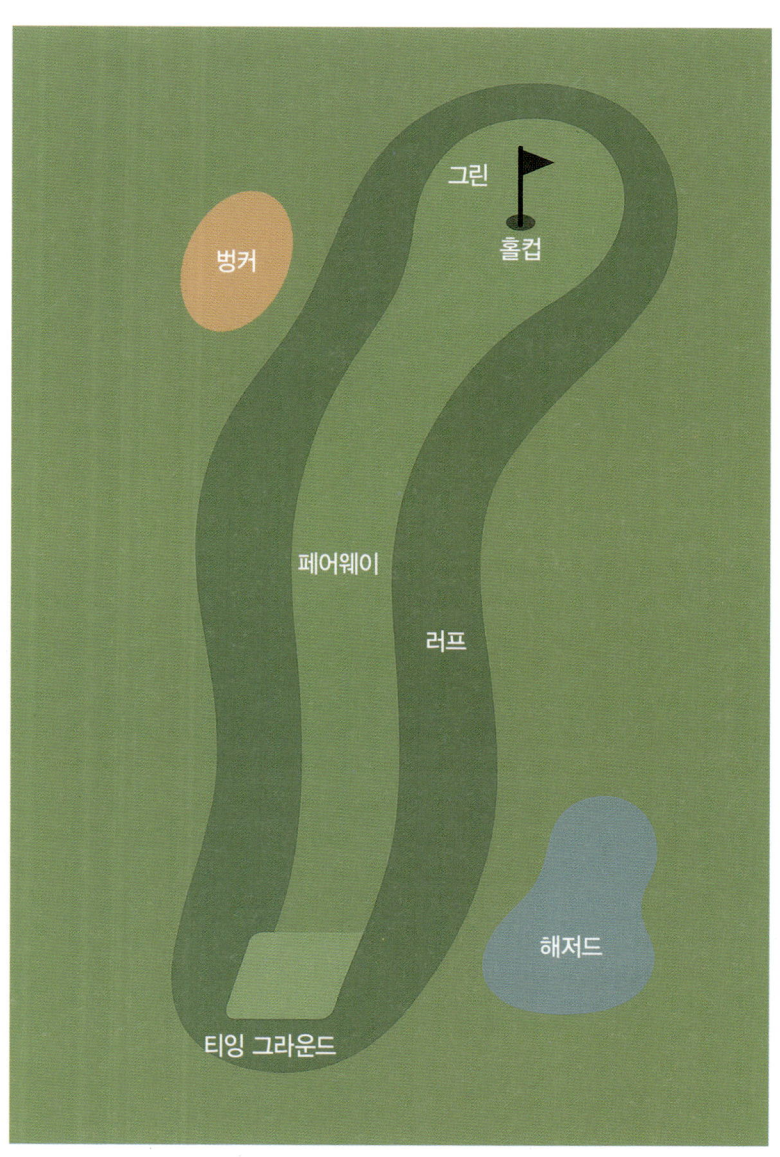

6) 스프링클러(Sprinkler)

잔디 관리를 위한 급수 장치로 고정식 또는 이동식 장비를 사용한다.

워터 해저드

7) 워터 해저드(Water Hazard)

코스 주변의 인공·자연 연못으로, 수려한 경관을 제공하며 난이도 상승의 효과도 있다. 워터 해저드에 공이 빠져 샷을 할 수 없는 경우 2벌타를 부여받는다.

단, 비나 눈 등으로 인해 일시적으로 코스에 고여있는 물을 뜻하는 캐주얼 워터(Casual water)에 공이 들어간 경우에는 벌타 없이 안전한 곳으로 옮긴 후 칠 수 있다.

03 파크골프장 설치물

홀마다 운동에 필요한 안전·편의·장애물 시설들이 있으며, 경기 진행과 난이도 부여를 위한 장치들이 설치되어 있다.

1) 티잉 그라운드

홀의 출발 위치로 첫 번째 공을 치는 장소로 잔디나 인조잔디, 테박스로도 설치한다.

규격: 1.5m×1.5m~2m×2m

두께: 5mm 이상

2) 홀 표지판

해당 홀의 기본 제원(Par, 기준타수, 거리)을 알려준다.

예: A코스 5번 홀 / Par 4 / 거리 94m

3) 안전망

티잉 그라운드나 다른 홀, 그린·페어웨이가 근접한 구역에 경기자 안전 확보 목적으로 설치한다.

4) 홀컵

그린에 설치된 최종 목표 지점으로, 깊이 10cm, 지름 20cm 원통 형태이다.

5) 순서 뽑기

1번 홀 주변에 설치하며, 조의 티샷 순서를 정할 때 사용한다.

6) 공 거치대

1번 홀 주변에 설치하며, 조장이 자신의 공을 올려두고, 진입 순서를 정하는 데 사용한다.

7) OB 말뚝

직경 4cm, 길이 1m의 백색 원형 막대로, 홀의 영역과 OB 구역을 구분해주는 표시물이다.

8) OB Zone

코스 내 수목, 시설 보호 등을 위해 설정된 구역으로, 그곳으로 공이 들어가면 OB로 간주되어 벌타를 적용한다.

9) 배수구

코스 내 우천 시 물빠짐을 위한 시설로, 공이 빠지면 구제를 받고 다음 샷을 진행한다.

10) 깃대(핀)

홀컵에 꽂혀 있는 최종 목표 지점이다.

길이는 2~2.5m로, 깃발에 1~9번 홀 번호가 표시되어 있다.

03 홀별 거리

일반적으로 Par 3는 약 40~60m, Par 4는 60~100m, Par 5는 100~150m이며, 총 Par 수는 9홀 기준 33, 18홀 기준 66이다.

파크골프장 설계 시 공이 튀지 않도록 울타리, 거리 확보가 필요하고, 우천을 대비해 배수로가 잘 설계되어야 한다. 장애물을 적절하게 배치하여 전략적 타구를 유도하여야 한다. 또한 홀 간 이동 거리를 최소화하기 위해 동선을 배치해야 한다.

파크골프 코스의 구성과 길이

홀	갯수	길이	비고
Par 3	4	40~60m	
Par 4	4	60~100m	
Par 5	1	100~150m	
합계	9(기준 타수는 33타)	1개 코스의 경우 500~790m 2개 코스의 경우 1,000~1,580m	

파크골프장 구성 예시를 보면 1개 코스는 Par 3홀 4개, Par 4홀 4개, Par 5홀 1개, 총 9홀로 구성한다. A코스, B코스 등 알파벳 순서로 불리며, A코스 적색, B코스 청색, C코스 황색, D코스 백색이며, 그 이상의 코스가 있는 경우 다시 적색부터 시작한다.

A코스　　　B코스　　　C코스　　　D코스

▶ 파크골프 필드 구성 예시(9홀)

홀 번호	거리 (m)	Par	특징
1번 홀	45m	Par 4	직선
2번 홀	60m	Par 5	좌측 도그레그
3번 홀	28m	Par 3	짧은 퍼팅홀
4번 홀	72m	Par 5	오르막
5번 홀	38m	Par 4	내리막
6번 홀	50m	Par 4	경사 + 장애물 있음
7번 홀	33m	Par 3	좁은 페어웨이
8번 홀	80m	Par 5	직선 롱홀
9번 홀	30m	Par 3	마무리 퍼팅 중심

Part 04

파크골프 어드레스와 스윙

01 파크골프 그립

파크골프에서 그립은 너두 꽉 잡지도, 너무 느슨하지도 않게 잡고, 손과 클럽이 일체감 있게 움직일 수 있도록 고정하며, 양손은 밀착되도록 붙여 잡는 것이 기본이다.

1) 그립의 종류

(1) 오버래핑 그립(Overlapping Grip)

가장 흔한 방식으로 오른손 새끼손가락을 왼손 검지와 중지 사이에 얹는

| 오버래핑 그립 | 인터로킹 그립 | 베이스볼 그립 |

방식이며, 손 전체를 자연스럽게 연결시켜 일체감이 좋고, 클럽헤드의 움직임이 좋은 그립법이다.

(2) 인터로킹 그립(Interlocking Grip)

왼손 검지와 오른손 새끼손가락을 결속하는 그립으로, 손이 작거나 힘이 약한 사람, 여성, 시니어에게 적합한 그립이다.

흔들림 방지 효과는 크지만, 유연한 스윙에는 약간 제약이 있다.

(3) 베이스볼 그립(Ten-Finger Grip)

마치 야구 배트를 잡듯이 양손이 겹치지 않고 일렬로 잡는 방식으로 초보자나 손 힘이 약한 사람에게 적당하다. 다만 일관성 있는 스윙 유지에는 약간 불리할 수 있고, 오른손에 힘에 과하게 들어갈 수 있다.

2) 손 위치와 방향

왼손은 클럽 그립의 윗부분에 위치하고 손바닥과 손가락 사이로 감싸듯 잡는다. 오른손은 왼손 아래에 붙여서 위치, 양손이 겹치거나 맞물리게 한다. 왼손 엄지는 클럽 중앙 방향으로 뻗고, 오른손 엄지는 그 위에 얹거나 약간 비켜 얹는다. 그립 악력은 중간 정도의 힘(10점 만점에 4~5 정도)으로 잡는 것이 이상적이다.

3) 잘못된 그립

- 너무 꽉 쥠······스윙 시 손목 유연성 감소, 거리 손실
- 너무 느슨함······공의 방향성 흔들림, 클럽 빠질 위험
- 양손이 떨어짐······힘의 전달이 균일하지 않음, 일관성 낮음
- 손바닥으로만 잡음······손목 유연성이 떨어져 거리 조절 어려움

4) 그립 후 점검 포인트

스윙 전에 클럽을 흔들어 보며 손과 클럽의 일체감을 느껴본다. 양팔의 긴장을 풀고, 자연스럽게 그립을 유지한다. 왼손(리드 손)으로 클럽 그립의 윗부분을 자연스럽게 덮고, 오른손(팔로우 손)으로 왼손을 감싸듯이 잡되, 손바닥이 아니라 손가락으로 중심을 잡는다.

02 파크골프 스윙의 스탠스

양발을 어깨너비 정도로 자연스럽게 벌리고 선다. 무게 중심은 양발에 균형 있게 분산하되 약간 발바닥 앞쪽에 둔다. 무릎은 살짝 굽혀주고 경직되지 않도록 한다. 허리를 곧게 펴고 골반에서 살짝 숙여 공을 바라본다. 클럽이 공과 적당한 거리 유지하도록 한다. 시선은 항상 공을 응시, 고개 들거나 흔들지 않는다. 공 중심에 클럽 헤드가 정확히 위치하도록 클럽을 놓고 자세를 유지한다. 팔은 몸 앞에서 자연스럽게 늘어뜨리고, 팔과 어깨가 만드는 삼각형 모양이 유지되도록 한다.

1) 스탠스 종류

스탠스는 크게 스퀘어 스탠스, 오픈 스탠스, 클로즈드 스탠스로 나뉜다. 초보자는 스퀘어 스탠스를 중심으로 연습하고, 상황에 따라 오픈/클로즈드 스탠스를 전략적으로 활용하면 좋다. 스탠스는 스윙과 구질에 직접 영향을 주므로 일관된 셋업과 연습이 중요하다.

(1) 스퀘어 스탠스(Square Stance)
가장 기본적이고 많이 사용하는 자세로 양발이 목표 라인(타겟 방향)과 평

스퀘어 스탠스 　　　　 오픈 스탠스 　　　　 클로즈드 스탠스

행하게 놓인 상태이다. 양발 간격은 어깨너비 정도이고 양발 끝이 동일 선상에 11자로 벌어져 있어 정렬이 가장 정확하다.

방향성과 밸런스 모두 안정적이며 초보자부터 고급자까지 모두 활용 가능하다. 정타 확률이 높고 직선 구질에 유리하다. 일반적인 드라이브 샷, 퍼팅, 거리 조절 샷 등에서 정확한 방향 조절이 필요할 때 사용한다.

(2) 오픈 스탠스(Open Stance)

오른손잡이 기준일 때, 왼발이 목표선보다 뒤로 빠져 있는 자세로 상체는 목표 쪽으로 더 열려 있게 된다. 공에 접근하는 경로가 바깥쪽에서 안쪽(아웃-인)으로 형성된다.

구질은 슬라이스(공이 왼쪽에서 오른쪽으로 감김) 경향이 강하고, 시야 확보가 좋아 정확한 컨트롤 샷에 유리하며, 왼쪽 공간 확보가 되어 유연한 회전이 가능하다. 짧은 거리의 컨트롤 샷이나, 장애물이 오른쪽에 있어 왼쪽으로 보내야 할 때, 퍼팅 시 거리 조절을 중시할 때 활용한다. 슬라이스를 보정하기 위한 스탠스로도 사용한다.

(3) 클로즈드 스탠스(Closed Stance)

오른손잡이 기준일 때, 오른발이 목표선보다 뒤로 빠져 있는 자세로 상체는 목표 쪽으로 닫혀 있게 된다. 클럽 궤도가 안쪽에서 바깥쪽(인-아웃)으로 움직이며, 구질은 훅(공이 오른쪽에서 왼쪽으로 감김) 경향이 강하다. 회전력과 임팩트가 강해 공이 멀리 나가는 경우가 많으나 상체가 닫혀 있어 방향성은 다소 떨어질 수 있다.

장거리 샷 시 파워가 필요할 때, 오른쪽으로 휘는 훅샷을 의도할 때, 바람이 왼쪽에서 불기 때문에 반대 궤적을 노릴 때 활용한다. 훅을 보정하기 위한 스탠스로도 활용한다.

2) 스탠스에서 자주 발생하는 실수

발 간격이 너무 좁으면 스윙 시 균형 잃고 방향 흔들리게 되며, 발 간격이 너무 넓으면 유연한 스윙이 어렵고 거리 측면에서 손해를 볼 수 있다. 무게중심이 뒤로 쏠리면 공이 뜨거나 미스샷이 발생하기 쉽고, 시선이 자주 흔들리면 정확하게 임팩트하기가 어렵다.

3) 스탠스 연습 시 점검 포인트

- 발 간격이 어깨너비인지 확인한다.
- 클럽이 공 중앙에 위치하는지 점검한다.

- 상체를 너무 숙이지 않도록, 허리와 무릎이 자연스러운 각도인지 체크한다.
- 연습장에서 그림자나 라인 테이프로 연습하면 효과적이다.
- 무릎을 펴거나 너무 굽히지 않는다. 살짝 굽히고 스프링처럼 유지한다.

03 파크골프 스윙의 어드레스

공을 치기 직전, 몸의 균형을 잡고 클럽을 공에 정확히 위치시키는 자세로, 스탠스, 손 위치, 시선, 클럽 위치 등을 포함한 전반적인 준비 동작이다.

1) 어드레스 자세 구성 요소

- **스탠스(발 위치)**……어깨 넓이 정도로 벌리고 양발에 무게 균형을 고르게
- **발끝방향**……목표 방향과 평행하게
- **무릎**……가볍게 굽히고, 경직되지 않게 긴장 풀기
- **상체**……자연스럽게 상체를 숙이고 척추는 곧게, 등을 구부리지 않기
- **손 위치(그립)**……공과의 거리 유지, 손목에 힘을 빼고 부드럽게 클럽 잡기
- **공 위치**……대부분 양발 중앙 또는 약간 왼발 쪽, 거리와 탄도에 따라

조절. 짧은 거리(어프로치)일수록 중앙, 긴 샷일수록 왼발쪽.
- **시선**……시선은 반드시 공 뒤쪽을 응시, 고개를 자주 들지 않기
- **클럽 헤드 위치**……클럽의 면을 공 바로 뒤에 놓고 목표 방향과 직각 (스퀘어)이 되도록 놓기

2) 어드레스에서 자주 하는 실수

- 볼 간격과 방향 오류
- 공을 너무 가까이 놓거나 멀리 놓음
- 무게중심 쏠림, 발바닥 전체로 고르게 50:50으로 분배
- 상체를 과하게 숙여 자세가 무너짐
- 클럽 헤드 방향이 목표와 일치하지 않음
- 스탠스 방향과 목표 라인이 일치하지 않음
- 긴장된 자세로 몸이 굳어짐 → 유연한 스윙 방해
- 시선 불안정 : 공을 똑바로 보지 않고 목표를 확인하여 고개를 듦.

3) 어드레스 연습 팁

- 발·어깨 정렬 체크 연습
- 연습장에서는 라인 테이프나 발 위치 표시 활용
- 거울이나 그림자로 자세 확인

- 공 없이 빈 스윙으로 리듬 점검 : 루틴을 몸에 익히면 자연스럽게 어드레스 가능
- 매번 똑같은 루틴으로 어드레스 습관화하기

▶올바른 어드레스를 위한 체크리스트

항목	올바른 상태	잘못된 예
발 간격	어깨너비	지나치게 넓거나 좁음
무릎	살짝 굽힘	너무 펴짐 또는 과도하게 굽힘
상체	허리 숙이고 척추 곧게	등이 굽거나, 상체 너무 숙임
손 위치	자연스럽고 부드럽게	손목에 힘이 들어가 있음
공과 거리	적당한 간격 유지	너무 가까우면 스윙 방해, 멀면 임팩트 불안정
클럽 헤드	공에 직각으로 위치	닫히거나 열려 있음(훅, 슬라이스 원인)

04 파크골프 단계별 스윙

1) 1단계: 어드레스(Address)

자세를 준비하는 단계이다. 클럽 헤드를 공 뒤에 똑바로 놓고, 발은 어깨 너비로 벌리고 무릎은 살짝 굽힌다. 상체를 살짝 숙이고 무게 중심을 발 앞쪽에 둔다. 시선은 공 뒤에 고정한다. 홀컵(목표)을 바로 보고 클럽으로

가볍게 방향을 맞춘다.

2) 2단계: 백스윙(Backswing)

클럽을 뒤로 드는 동작으로, 팔과 어깨를 이용해 부드럽게 클럽을 뒤로 들어올린다. 손목은 고정한 채 팔 전체로 들어올린다. 백스윙 크기는 거리 조절과 직결된다. 공을 치기 위한 에너지를 축적하는 단계다.

- 짧은 거리 → 1/4 스윙(테이크 어웨이)
- 중간 거리 → 1/2 스윙(백스윙 중간)
- 롱샷 → 3/4 또는 풀스윙(톱 오브 스윙)

3) 3단계: 다운스윙(Downswing)

클럽을 아래로 내리는 동작이다. 체중 이동이 시작되고 하체 리드와 골반 회전이 이루어진다. 몸의 중심축을 유지하면서 클럽을 공 쪽으로 내려친다. 손과 팔, 어깨가 자연스럽게 연결되어 움직이도록 한다. 무릎과 상체는 고정, 머리는 끝까지 공을 본다. 힘과 방

향이 전달되는 핵심적인 순간이다.

4) 4단계: 임팩트(Impact)

공과 클럽이 맞닿는 순간이다. 클럽 헤드가 정확하게 공 중심에 맞아야 하고, 클럽 페이스가 직각으로 공에 맞아야 한다. 손, 클럽이 일직선 상태를 유지한 채 공을 미는 느낌으로 치며, 튕겨내듯 치지 않는다.

방향은 클럽 페이스(면)의 각도와 정렬에 의해 결정된다. 정확하고 깨끗한 임팩트가 거리와 방향을 좌우한다. 체중의 거의 왼발에 실린 상태이다.

5) 5단계: 피니시(Finish)

스윙의 마무리 동작이다. 공을 친 후 멈추지 말고 자연스럽게 스윙이 이루어져야 하며, 스윙 후 클럽이 자연스럽게 어깨 위까지 따라 올라간다. 몸은 목표 방향을 향해 열림, 무게 중심은 앞발로 이동한다. 자세를

유지하며 공의 방향을 끝까지 확인한다. 좋은 피니시는 좋은 스윙의 결과물을 만든다.

6) 좋은 스윙을 위한 조언

- 힘을 빼고 리듬 있게……지나치게 힘을 주면 방향이 틀어짐
- 체중이동이 자연스럽게
- 항상 같은 루틴으로……일관된 스윙 리듬 유지
- 연습할 때는 스윙 크기별 거리 감각을 익히기……1/4, 1/2, 풀스윙 등
- 공을 치는 게 아니라 '밀어낸다'는 감각으로
- 짧은 연습을 반복하다가 반스윙 → 3/4 스윙 → 풀스윙 순서로 늘려간다.
- 꾸준함이 실력이다.

Part 05

샷의 종류와 방법

01 샷의 종류와 치는 방법

1) 티샷(Teeshot)

공을 멀리 보내기 위한 강한 스윙이다.

- **용도**……티잉 그라운드에서의 샷, 50m 이상 거리에서 주로 사용
- **스윙**……풀 스윙 또는 3/4 스윙
- **포인트**……클럽의 중심면(페이스)으로 정타를 맞추고, 힘보다는 리듬과 방향성 우선
- **실수 유형**……① 과도한 힘으로 인한 훅/슬라이스, ② 임팩트 순간 고

개를 들어 공을 따라감 → 탑핑 발생, ③ 체중 이동이 부족 → 거리 손실

2) 세컨드 샷(Second Shot)

거리 조절과 방향성이 핵심으로, 드라이브 이후 중거리 공략 시에 사용한다.

- **용도**……홀까지 30~50m 정도 남았을 때, 공과 홀컵까지의 오르막과 내리막, 러프를 확인한 후 샷한다.
- **스윙**……거리에 따라 선택 : 1/2~3/4 스윙
- **포인트**……거리 조절과 방향성 모두 중요
- **기술 응용**……탄도를 낮게 하거나 높게 조절할 수 있음
- **실수**……① 드라이버샷처럼 크게 힘주어 오버샷, ② 짧은 거리 인지 고개를 들어 탑핑 발생, ③ 거리 계산 없이 러프나 벙커에 빠짐

3) 어프로치 샷(Approach Shot)

홀 근처에 공을 안전하게 붙이기 위한 샷이다.

- **용도**……홀과 10~30m 거리에서
- **지형**……오르막/내리막/러프와 홀컵 위치를 파악한다.
- **스윙**……1/4~1/2 스윙. 크지 않게 팔꿈치를 접어 짧고 간결하게.
- **스탠스**……좁게

- **포인트** …… 부드럽고 낮은 탄도로 굴리는 것이 유리
- **키워드** …… 정교함, 거리 감각, 퍼팅 연결
- **실수** …… ① 손목으로만 치기 → 거리와 방향 불안정, ② 공만 의식할 경우 → 뒤땅, ③ 백스윙 크기와 팔로우스루 크기가 달라서 거리조절 실패

4) 퍼팅 샷(Putting Shot)

홀컵 근처에서 공을 넣기 위한 짧은 샷이다.
- **용도** …… 그린 위 또는 바로 앞에서 사용
- **스윙** …… 거의 손목을 쓰지 않는 짧은 스윙
- **포인트** …… 공을 치기보다는 굴리는 느낌, 직진성 중요
- **시선** …… 공에서 절대 떼지 않기, 공 바로 뒤쪽 홀컵 방향과 일직선 확인
- **실수** …… ① 손목으로만 툭 치기 → 방향 흔들림, ② 서두르면서 고개를 들어버림 → 빗맞은, ③ 거리조절 실패

5) 로브 샷(Lob Shot)

공을 굴리면 위험할 때 공을 높게 띄워 장애물을 넘기거나 짧은 거리에서 멈추게 하는 샷이다.
- **용도** …… 벙커, 나무, 러프, 언덕 등을 넘겨야 할 때

- 스윙……빠르게 올라갔다가 내려오는 짧은 탄도 스윙, 어프로치보다 조금 더 크게
- 포인트……클럽 헤드를 열어서 미끄러지듯이 넣는다. 손목의 탄력 활용. 팔로스루의 크기가 클수록 공은 더 높이 뜨고, 클럽을 짧게 잡으면 높게 뜬다.

6) 러닝 샷(Running Shot)

낮게 띄워 굴러가도록 치는 샷이다.
- 용도……부드러운 경사면이나 내리막에서 홀에 붙이기. 장애물이 없고 그린을 이용해서 굴리는 것이 유리할 때
- 스윙……1/4 이내의 부드러운 스윙
- 포인트……백스윙을 작게 하고 손목 고정. 어깨와 팔로만 움직인다. 강하게 치지 않고 밀듯이 부드럽게.
- 특징……공이 대부분 굴러서 이동
- 실수……너무 세게 쳐서 홀컵을 지나 멀리 굴러감.

7) 컨트롤 샷(Distance Control Shot)

거리와 탄도를 조절하는 기술에 초점을 둔 상황별 스윙이다.
- 용도……거리 계산이 중요한 상황 (예: 42m 등)

- 스윙……상황에 따라 유연하게 스윙 크기 조절
- 스윙 크기 조절……① 풀스윙(100%) : 최대 비거리 필요시, ② 하프스윙(50%) : 중거리 공략, ③ 쿼터스윙(25% : 짧은 거리 어프로치
- 필수 기술……자신의 스윙 크기별 거리감 숙지(예: 1/2 스윙 =35m 등)
- 구질……① 볼을 왼발쪽에 두면 → 높고 긴 샷, 볼을 오른발쪽에 두면 → 낮고 짧은 샷
- 실수……거리만 의식 → 힘조절 실패, 손목으로만 속도 조절

8) 벙커/러프 탈출 샷(Trouble Shot)

모래, 풀, 경사 등 트러블 상황에서 벗어나기 위한 샷이다.

- 용도……코스 바깥, 러프, 웅덩이, 긴풀 등
- 포인트……낮게 밀듯이 치거나, 필요시 공을 띄워 보내는 샷. 짧고 강하게 손목 고정
- 주의……무리하지 말고 안전하게 다음 플레이를 준비한다. 잔디에 걸려 클럽이 멈추면 뒤땅이 된다. 벙커 탈출 시 백스윙을 크지 않게 하고 다운스윙때 공 뒤 2~3cm 모래를 함께 쳐올리는 느낌으로 타구한다.

파크골프에서는 클럽이 하나뿐이므로 스윙 크기 + 공 맞히는 방식 – 탄도 조절을 통해 다양한 샷을 응용해야 한다. 샷마다 적절한 스탠스, 백스윙 크기, 리듬이 다르므로 꾸준한 연습이 중요하다.

샷 종류별 요약표

샷 종류	거리 (m)	스윙 크기	용도
티샷	50~100m	풀~3/4	티잉 구역 첫 샷, 롱홀 공략
세컨드 샷	30~50m	1/2~3/4	중거리
어프로치 샷	10~30m	1/4~1/2	홀 근처 공략
퍼팅 샷	0~10m	짧은 스트로크	홀 넣기
로브 샷	10~20m	짧고 날카로운	장애물 넘기기
러닝 샷	10~30m	짧고 부드러운	굴리기 위주
컨트롤 샷	모든 거리	상황별 조절	정확한 거리 조절
트러블 샷	상황에 따라	짧거나 탈출형	벙커, 러프, 경사 등

02 퍼팅

퍼팅(Putting)은 짧은 거리에서 공을 굴려서 홀컵에 넣는 스윙을 말한다. 파크골프에서는 보통 10m 이내, 또는 그린 근처에서 사용하며, 부드럽고 정확한 스트로크로 방향성과 거리 감각이 핵심이다.

1) 퍼팅 기본 자세(어드레스)

- **스탠스**······양발은 어깨보다 살짝 좁게, 안정적으로 선다.
- **공 위치**······스탠스 중앙
- **무릎**······가볍게 굽힌다

- **상체**……살짝 숙이고 시선은 공에 고정
- **그립**……손목의 움직임을 최소화하고 양손을 밀착시켜 안정감 있게 잡는다
- **클럽 헤드**……공 뒤에 놓고, 정확하게 목표 방향과 직각이 되도록 맞춘다
- **시선**……공 뒤 응시. 목표(홀컵) 사이의 라인을 계속 이미지화한다

2) 퍼팅 스윙 방법

- **백스윙**……짧고 부드럽게 클럽을 뒤로 든다(거리에 따라 크기 조절).
- **다운스윙**……손목을 고정하고 어깨나 팔로 직선 경로로 공을 민다.
- **임팩트**……공을 "때리는" 것이 아니라 "밀어주는" 느낌으로 친다.
- **피니시**……클럽은 목도 방향을 향해 자연스럽게 따라가도록 유지한다.
- **머리 고정**……공이 굴러갈 때까지 머리와 시선을 움직이지 않는다.
- **실수**……① 고개를 들어 공을 따라감 → 탑핑, 빗맞음, ② 손목으로만 툭 치기 → 방향 흔들림, ③ 힘으로 치기 → 오버샷 발생

3) 거리 조절 요령

항상 일정한 리듬 유지하여야 하며, 백스윙과 다운스윙 속도가 동일해야 거리감이 정확해진다. 같은 스윙 크기로 3m, 6m, 9m 반복하며 거리 차이를 체감하는 훈련을 실시한다.

거리 조절 요령과 팁

예상거리	백스윙 높이	체크 포인트
3~5m	무릎 높이	짧은 퍼팅, 짧은 어프로치, 손목 고정
5~7m	허벅지 높이	중거리 퍼팅, 어프로치, 리듬감
8~12m	허리 높이	중·장거리샷, 백스윙과 팔로스루의 균형, 체중 이동
13m 이상	어깨 높이	긴 어프로치, 세컨드샷, 플스윙에 가까움. 부드러운 임팩트

퍼팅 시 흔한 실수와 교정법

실수	원인	교정 팁
공이 짧게 멈춤	스윙 작거나 임팩트 약함	백스윙과 피니시를 충분히
방향이 빗나감	클럽 헤드가 비틀어짐	정면 직각 확인, 손목 고정
고개를 들음	임팩트 순간 시선이 이동	공이 완전히 멈출 때까지 시선 고정
손목 사용	불안정한 거리감, 방향 흔들림	어깨와 팔로 흔들 듯이 사용
거리 조절 실패	짧아서 홀컵까지 못감 너무 세게 쳐서 홀컵 지나감	경사 읽는 습관 홀컵 옆 목표 잡기

4) 방향 조절 요령

- **평지**……공과 홀 사이를 직선으로 설정
- **내리막**……힘을 살짝 줄이고 경사를 감안해 왼쪽 또는 오른쪽 조준
- **오르막**……평소보다 강하게, 스트로크 길이 조금 더 크게
- **경사면**……슬라이스 또는 훅 라인을 예상하고 그에 맞춰 타깃 라인 설정

5) 퍼팅 연습 팁

- 거리별 반복 훈련
- 라인 이미지 훈련……공과 홀 사이에 가상의 선을 머릿속에 그려보기
- 거리 맞추기 연습……홀 없이 목표 지점까지 굴리는 연습(예: 3m, 5m)
- 한 손 퍼팅……손목 사용 줄이기 위한 감각 훈련
- 자기 루틴 만들기……매번 똑같은 순서(예: 숨 고르기 → 클럽 정렬 → 퍼팅)로 습관화
- 시선 고정……임팩트 순간 공 뒤를 응시
- 라인 읽기 훈련……평지 → 오르막 → 내리막 → 좌우경사 순

Part 06
파크골프 경기규칙

제정 2008. 12. 05.
개정 2018. 06. 15.
개정 2019. 01. 30.
개정 2021. 09. 15.
개정 2024. 01. 22.
개정 2024. 02. 05.

01 에티켓

제1조 파크골프 경기의 기본정신 파크골프 경기는 다른 경기자들을 배려하고 스스로 규칙을 준수하는 경기자의 성실성 여하에 달려 있다. 따라서 모든 경기자는 경기하는 방법에 관계없이 언제나 규칙에 따라 스스로 절제된 태도로 공정한 행동을 하고 동반자에게 예의를 지켜야 한다. 이것이 파크골프 경기의 기본정신이다.

제2조 안전 확인

1. 경기자는 스윙 전에 스윙 반경내 다른 경기자가 근접해 있는가를 확인하고 안전거리를 확보하여야 한다.
2. 동반자 전원이 샷을 끝낼 때까지 먼저 앞으로 나가서는 안 된다.
3. 경기자는 공을 잘못 쳐서 동반자 또는 국외자가 공에 맞을 위험이 있는 경우는 큰소

리로 신속히 경고를 하여야 한다.
4. 다른 홀로 공이 넘어가서 경기자가 다른 홀로 진입시는 그 홀의 경기자의 경기 진행 여부를 사전 확인 후 양해를 받아 진입하여야 한다.

제3조 다른 경기자에 대한 배려

1. 경기 방해의 금지
   가. 경기자는 항상 코스에서 동반자를 배려하여야 하며, 움직이거나 말하는 등 불필요한 잡음을 내서 경기를 방해하여서는 안 된다.
   나. 휴대폰의 소음 등으로 경기를 혼란시키지 않도록 하여야 한다.
   다. 경기자가 샷을 준비하면 동반자는 정숙하여야 한다.
   라. 경기에 참가하고 있는 선수에게 경기에 영향을 줄 수 있는 조언을 하여서는 안 된다. 단, 포섬 경기시는 팀원끼리 조언이 가능하다
   바. 경기자끼리 감정을 상하게 하는 말과 행동을 하여서는 안 된다.

2. 그린 위에서
   가. 경기자는 동반자의 퍼팅 라인을 밟아서는 안 된다.
   나. 경기자가 퍼팅을 할 경우 동반자가 움직이거나 경기자의 퍼팅라인에 동반자의 그림자를 만들어서는 안 된다.
   다. 조원 모두가 컵인으로 홀 아웃 할 때까지 그린 주변에 대기한다. 〈개정 2024.01.22.〉

3. 스코어 기록
   가. 샷을 하기 전에 "이름과 타수"를 말하여 기록에 착오가 없도록 한다.
   나. 조원 모두가 홀 아웃하게 되면 후속조에게 수신호를 주고 다음 홀로 신속히 이동하여 스코어 카드를 기록하며, 상호 확인하여야 한다. 〈개정 2024.02.05.〉

4. 파크골프 용어 사용
   가. 경기자는 경기를 하면서 상황에 맞는 파크골프 용어를 사용하도록 한다. 〈개정 2024.02.05.〉
   나. 파크골프 용어는 "부록 1"을 참조한다.

제4조 경기 속도

1. 약간 빠른 속도 유지

   가. 앞 조와 속도를 맞추는 것은 조원 모두의 책임으로 경기자는 샷을 한 다음에 약간 빠르게 이동을 하여 다음 경기를 준비하여야 한다.

   나. 1개 홀이 비어 있지만 초보자 등으로 지연되는 경우에 후속 조가 먼저 경기를 할 수 있도록 양보한다. 〈개정 2024. 01. 22.〉

   다. 임의로 비어 있는 홀로 진입하여 경기진행을 방해하거나 경기속도를 지연하여서는 안 된다.

2. 경기할 준비

   가. 경기자는 샷 순서에 따라 바로 경기에 임할 수 있도록 항시 준비를 하여야 한다.

   나. 1개조 인원은 3~4명으로 편성하여 경기를 한다. 〈개정 2024. 01. 22.〉

제5조 코스 보호

1. 잔디 보호를 위해 운동화, 골프화를 착용하며 잔디에 손상을 주는 등산화, 구두, 부츠 등을 착용하여서는 안 된다.
2. 샷으로 인하여 잔디가 패이거나 클럽으로 내리쳐서 잔디가 손상되지 않도록 주의한다.
3. 샷으로 인하여 잔디가 패였을 경우는 잔디를 보수하여야 한다.
4. 코스 내에서는 금연하고 껌과 침을 뱉는 행위를 금한다.
5. 코스 내에서는 음식물 섭취는 금하며, 쓰레기를 버리지 않는다.

제6조 에티켓 위반시 조치

1. 경기자가 에티켓을 준수하지 않아 벌타를 부여 받는 경우는 없으나 에티켓을 준수하게 되면 더 즐거운 경기를 하게 될 것이다. 경기자가 동반자의 경기를 방해하거나 기물 파손 등의 중대한 에티켓을 위반한 경우 대회위원(회)은 퇴장 조치 또는 대회에서 경기실격을 시킬 수 있다.
2. 경기자가 이 규칙을 무시하고 동반자의 경기를 방해하거나 기물 파손의 피해 정도에 따라 필요한 경우 스포츠공정위원회에 제소한다. 〈개정 2024. 01. 22., 2024. 02. 05.〉

02 경기규칙

제7조 스트로크 경기 총칙

1. 파크골프는 경기자가 1개의 클럽과 1개의 공으로 첫 번째 홀의 티잉 그라운드에서 1회 이상의 스트로크로 경기가 이루어진다. 〈개정 2024.01.22.〉

2. 별도의 규칙이 있는 경우를 제외하고 스트로크를 한 자신의 공을 집어들고 원래 위치에 되돌아가서 다시 경기를 할 수 없다. 〈개정 2024.01.22.〉

3. 홀컵과 가깝지 않게 2클럽 이내의 지역 정의 〈개정 2024.01.22.〉

   가. 홀컵과 가깝지 않게 2클럽 이내의 지역이란 공을 집어들고 처치할 경우에 OB라인을 벗어난 지점에서 깃대를 보고 수직방향으로 서서 양팔을 벌려 좌·우측으로 2클럽 이내의 후방 반원이다. 〈개정 2024.01.22.〉

   나. 〈삭제 2024.01.22.〉

   나. OB의 경우는 2개 OB말뚝(라인) 연장선 외측을 벗어난 지점, 그리고 언플레이어블의 경우는 공이 정지되어 있는 지점에서 깃대를 보고 수직방향으로 서서 양팔을 벌려 좌·우측으로 2클럽 이내의 후방으로 반원지역내 샷이 가능한 지점이다. 〈개정 2024.01.22., 2024.02.05.〉

   다. 앞의 각호를 위반시에는 2벌타를 부여한다.

4. 코스의 비정상정인 상태(수리지, 캐주얼 워터, 배수구, 예비 홀컵, 스프링 쿨러)에 놓인 공과 분실구 등의 가까운 지점으로 처치 방법 〈개정 2024.01.22., 2024.02.05.〉

   가. 예비 홀컵 위 또는 걸쳐 있는 경우의 공은 클럽헤드 2개 길이만큼 그리고 캐주얼 워터, 수리지, 배수구, 스프링 쿨러에서는 페어웨이 좌·우측 가까운 방향으로 처치할 경계선에서 홀컵에 가깝지 않게 2클럽 이내로 이동하여 공을 놓는다. 〈개정 2024.01.22., 2024.02.05.〉

   나. 분실구는 분실되었다고 추정되는 지점에서 가장 가까운 지점으로 선정하는데 스탠스와 스트로크가 가능한 위치에서 홀컵과 가깝지 않게 2클럽 이내로 이동하여 공

을 놓는다. 〈개정 2024.01.22., 2024.02.05.〉

다. 앞의 각호를 위반시에는 2벌타를 부여한다.

제8조 파크골프 벌타

1. 모든 벌타는 2타를 부여한다.

제9조 스트로크 경기

1. 한 홀마다 타수를 누계하여 코스별로 합산한 총 타수로 순위를 정하는 경기방법이다.
2. 합의의 반칙
   - 경기자는 규칙의 적용을 배제하거나 부여받은 벌타를 면제하기로 합의하여서는 안 된다. 이를 위반하였을 경우에는 해당자 모두를 경기 실격으로 처리한다.

제10조 용구

1. 경기자가 사용하는 클럽에다 경기에 영향을 주는 부속물을 장착하여서는 안 된다.
2. 경기자는 1개 클럽과 공으로 정해진 코스를 경기하여야 한다. 경기자의 클럽이 통상적인 경기 진행 중에 손상되었거나 혹은 분실하였을 경우는 다른 클럽으로 교체할 수 있다. 다만, 이후 분실된 클럽이 발견된 경우에는 이것을 다시 사용할 수 있으며, 어느 경우라도 동반자의 확인 또는 대회 본부의 재검사를 받아야 한다. 〈개정 2024.01.22.〉
3. 앞의 각항을 위반시에는 경기 실격으로 처리한다.

제11조 경기에 적합하지 않은 공

1. 공에 잔금이 있거나 찌그러졌거나 갈라진 것이 보이면 그 공은 경기에 부적합한 공이다. 경기 중인 자신의 공이 경기에 부적합하다고 판단할 경우에 경기자는 그 홀의 경기 중에 벌타 없이 동반자에게 공을 확인시킬 의사를 밝히고 볼 마커로 마크한 후 공을 집어 들어야 한다. 〈개정 2024.02.05.〉
2. 이때, 그 공이 경기에 적합하지 않다고 동반자의 확인을 받았을 경우 경기자는 예

비 공으로 교체하여 마크한 지점에 공을 놓고 경기를 한다. 만약, 확인을 얻지 못한 경우의 공은 마크한 지점에 다시 내려놓고 경기를 한다. 〈개정 2024.01.22., 2024.02.05.〉

3. 스트로크를 한 결과, 공이 2개 이상으로 분리 되었거나 분리되기 직전의 상태인 경우는 그 스트로크를 취소하고 경기자는 예비 공을 사용하여 스트로크를 하였다고 추정되는 지점에서 벌타 없이 경기를 한다.

제12조 경기자의 책임 경기자는 경기 진행에 필요한 아래 조건을 숙지하여야 한다.

1. 용구

용구의 관리 책임은 경기자 자신에게 있으므로 식별할 수 있는 표시를 한다.

2. 스코어카드 기록관리

　가. 경기자는 홀아웃시마다 조원끼리 타수를 확인하고 자신의 스코어카드에는 동반자 전원의 타수를 기록한다. 만약, 심판(홀 진행요원)이 있는 경우는 경기자 모두의 타수를 기록하며, 경기자는 홀마다 자신의 타수를 확인하여야 한다. 단, 전자기기(PAD, LED전광판 등)를 사용하는 대회에서는 타수 기록, 관리하는 방법을 달리할 수 있다. 〈개정 2024.01.22., 2024.02.05.〉

　나. 경기가 종료되면 경기자는 조원끼리 각 홀의 타수와 합계 결과를 확인하고 경기자 모두가 서명을 하여 신속하게 대회본부에 스코어카드를 제출하여야 한다. 이때, 카드 미제출 및 서명 누락자는 경기 실격으로 처리한다.

　다. 본인 서명 후 제출한 스코어카드는 그 기재 내용의 변경을 인정하지 않는다.

　라. 경기자가 특정 홀의 타수와 합산을 실제 타수보다 적게 기록하여 제출한 경우는 경기 실격으로 처리한다. 반대로 경기자가 실제 타수보다 더 많은 타수를 기록하여 제출하였을 경우 그 타수는 그대로 처리한다. 〈개정 2024.02.05.〉

3. 지연 경기

　가. 경기자는 경기속도를 고의로 지연시켜서는 안되며, 1개 홀의 경기가 종료되면 신속히 다음 홀로 이동하여 스코어카드를 기록한다. 〈개정 2024.02.05.〉

　나. 경기자는 앞 조와의 간격이 2개홀 이상 뒤처지지 않도록 해야 하는데 발생

시 사유에 따라 대회본부에서 해당 조원 모두에게 2벌타를 부여한다. 〈개정 2024.01.22.〉

제13조 연습 스트로크

1. 경기자는 경기 당일 코스 내에서 공을 치는 연습 스트로크를 하여서는 안 된다. 〈개정 2024.01.22., 2024.02.05.〉
2. 경기 중에도 공을 치는 연습 스트로크를 하여서는 안 된다. 〈개정 2024.01.22.〉
3. 앞의 각항을 위반시에는 경기 실격으로 처리한다. 〈신설 2024.01.22.〉

제14조 경기 순서

1. 홀에서 제일 먼저 경기할 권리를 부여 받은 사람을 오너라고 말한다. 경기 시작 홀에서 티 샷 순서는 순서 뽑기 또는 가위 바위 보로 이긴 자 순으로 한다. 다음 홀부터는 전 홀의 최저타수의 경기자가 오너가 되고, 적은 타수 순으로 경기를 한다. 만약, 전 홀의 타수가 같은 경우에는 그 이전의 홀의 타수를 비교하고 순서를 정하여 경기를 한다.
2. 티 샷 후 다음 샷 순서는 깃대에서 가장 먼 공의 경기자가 먼저 경기를 하여야 한다. 2개 이상의 공이 깃대에서 비슷한 거리에 있을 경우는 경기자끼리 순서를 정하여도 좋으나 결정하기 어려운 경우는 이전의 샷 순서대로 경기를 한다. 〈개정 2024.01.22.〉
3. 개인전 또는 단체전 팀간 샷 하는 순서를 지키지 않은 경우에는 에티켓 위반으로 무벌타 처리한다. 단, 단체전 중 일반 포섬(팀별로 공 1개씩 경기)은 시작하는 홀의 티 샷 부터 경기가 종료할 때까지 위반 시 해당 팀에게 2벌타씩을 부여하며, 베스트 볼을 적용하는 포섬(팀별로 공 2개씩 경기)은 홀마다 모두 티 샷 하고서 선택한 공으로 세컨드 샷부터 홀아웃할 때까지 위반시 해당 팀에게 2벌타씩을 부여한다. 〈신설 2024.01.22.〉

제15조 티잉 그라운드

제15-1조 티잉 그라운드의 티업

1. 홀 마다 티 샷은 티 위에 공을 올려놓고 샷을 하여야 한다. 〈개정 2024.01.22.〉
2. 경기자는 지정된 티잉 그라운드 이외 장소에서 티 샷을 할 수 없다.
3. 경기자는 티잉 그라운드 내에서 티 샷을 하는데 발이 일부분이라도 티잉 그라운드 밖으로 벗어나서 스트로크를 하여서는 안 된다.
4. 방향을 정하는 표시물을 공 앞에 놓고 티 샷을 하여서는 안 된다.
5. 앞의 각 항을 위반할 경우는 2벌타를 부여한다.
6. 티잉 그라운드에서 스트로크에 의하지 않고 무의식적으로 클럽이 공에 접촉하여 공이 티에서 떨어진 경우에는 1타를 가산하지 않고 다시 티 샷을 한다. 〈개정 2024.01.22.〉
7. 티 샷을 하였으나 1회 이상 공을 맞히지 못한 경우는 스트로크를 하지 않은 것으로 간주하며, 이는 매너위반 행위이다. 〈개정 2024.01.22.〉

제15-2조 티업한 공이 떨어진 경우

1. 경기자가 스윙을 하지 않았는데 공이 티에서 떨어졌을 경우 벌타 없이 다시 티 샷을 할 수 있다.
2. 티 샷을 한 결과, 공이 티잉 그라운드에 놓인 경우 연속하여 세컨드 샷을 하여야 한다.
3. 티 샷을 하였는데 공이 클럽 헤드에 살짝 맞거나 바람 영향을 받아 티에서 떨어진 경우는 스트로크를 한 것으로 간주한다. 〈개정 2024.01.22.〉
4. 티 샷을 포함하여 샷을 하기 전에 연습스윙은 필요시 1회만 실시하며, 이때 공을 맞춘 경우는 스트로크를 한 것으로 간주하고 정지한 지점에서 다음 경기를 한다.
5. 티 샷을 한 공이 장애물을 맞고 티잉 그라운드 후면에 정지된 경우는 OB로 판정하고 처치는 공이 티잉 그라운드 후면 경계선을 벗어난 지점에서 깃대를 보고 수직방향으로 서서 양팔을 벌려 좌·우측으로 2클럽이내에 샷이 가능한 지점에 공을 놓고 다음 경기를 한다.

제15-3조 홀을 잘못 진입한 경우

1. 다른 홀로 진입하여 티잉 그라운드에서 1명 이상 티 샷을 하였을 경우 조원 모두는 그 홀을 홀아웃하고 원래 순서의 홀로 되돌아가서 경기를 하여야 한다. 이 경우에는 잘못 진행한 1개 홀에 대한 2벌타를 부여한다. 〈개정 2024.01.22.〉
2. 또한, 다른 홀로 진입하여 연속된 경기를 하게 되면 원래 순서의 홀에서 조원 모두에게 잘못 진행한 모든 홀의 수에 2벌타씩 부여하여 기록한다. 이때, 원래 순서의 홀에서 타수 기록시 더블파를 적용하지 않는다. (로컬룰 해당이 안 됨)

제16조 공은 있는 그대로의 상태에서 경기

1. 별도의 규칙이 있을 경우를 제외하고 공은 있는 그대로의 상태에서 경기를 하여야 한다. 이때, 경기자에 의해 무의식적으로 움직인 공은 무벌타로 구제한다.
2. 경기자는 스트로크 중인 경우를 제외하고 수목, 긴 풀 등의 생장물에 접촉하거나 움직일 수 없는 장애물을 정리하여 자신의 공 주변 상황을 개선하여서는 안 된다.
3. 클럽 헤드는 어드레스하는 경우에만 공 뒤쪽 지면에 닿을 수 있다. 이때, 목표 방향쪽으로 표시물을 놓거나 클럽 헤드가 지면에 닿아서는 안 된다. 〈개정 2024.01.22.〉
4. 경기자는 스탠스를 취하는 경우 양발을 지면에 두면서 임의로 스탠스 장소를 다듬어서는 안 된다. 단, 벙커에서는 예외로 한다. 〈개정 2024.01.22.〉
5. 앞의 각 항을 위반시에는 2벌타를 부여한다.

제17조 어드레스와 스트로크

1. 티 샷 후 다음 샷을 위해 경기자가 어드레스를 하면서 클럽헤드가 공에 접촉하여 공이 움직이면 스트로크로 간주하고 1타를 가산한다. 〈개정 2024.01.22., 2024.02.05.〉
2. 경기자가 스트로크를 할 경우에 클럽 헤드가 공에 접촉하기 전에 스윙을 정지하거나 또는 스트로크의 의사가 있어도 헛 스윙이 되어 공이 움직이지 않으면 스트로크를 하지 않은 것으로 간주한다. 다만, 헛 스윙이 되어 공이 움직인 경우에는 스트로크를 한 것으로 간주한다. 〈개정 2024.01.22.〉
3. 경기자가 클럽 헤드가 아닌 샤프트, 그립 끝으로 공을 쳐서는 안 된다. 〈개정

2024.01.22.〉

4. 정상적인 스윙으로 공을 쳐야 하는데 백 스윙 없이 밀어내기, 당기기, 퍼올리기 등을 하여서는 안 된다.
5. 경기자는 1회의 스트로크 중, 클럽에 2회 이상 공이 접촉되어서는 안 된다. 〈개정 2024.01.22.〉
6. 경기자는 자신의 공이 움직이고 있는 중에 스트로크를 하여서는 안 된다.
7. 제3항, 제4항, 제5항, 제6항을 위반을 하였을 경우 그 경기는 스트로크로 간주하여 1타를 가산하며, 또한 부정타로 인정하여 2벌타를 부여한다.
8. 경기자가 스트로크한 공이 움직이고 있는 중에는 다음 순서의 경기자가 스트로크를 하지 않아야 한다.

제18조 뒤 바뀐 공, 교체한 공

1. 경기자가 동반자의 공으로 스트로크를 한 경우에 타수는 가산하지 않고 동반자의 공을 원 위치하며, 자신의 공 위치에서 2벌타를 부여하고 다음 경기를 하여야 한다. 만약, 뒤바뀐 공의 해당자 모두가 스트로크를 한 후에 알았을 경우는 그 홀을 홀 아웃할 때까지 바뀐 공으로 진행하고 해당자 모두에게 2벌타를 부여한다.
2. 다만, 1번 홀에서 공의 거치대에 있는 다른 경기자의 공으로 티 샷을 한 경우는 무벌타이며, 그 공을 회수하고 자신의 공으로 다시 경기를 한다.
3. 경기자가 1개의 코스 내에서 공의 교체를 원할 경우 다음 코스 1번 홀에서만 가능하다. 이를 위반시는 2벌타를 부여한다. 다만, 다른 공으로 교체하는 것이 허용되는 경우는 예외로 한다. 〈개정 2024.01.22. 2024.02.05.〉

제19조 그린 위의 깃대

홀 컵에 세워진 깃대는 뽑지 않고 경기를 하여야 한다. 이를 위반시는 벌타를 부여한다. 〈개정 2024.01.22.〉

제19-1조 그린 위의 공

1. 그린 위의 공이 홀컵에서 2클럽 이내인 경우 경기자는 동반자에게 통보하고 우선해

서 마크하거나 컵인을 실시하며, 필요시 그대로 둘 수가 있다. 〈개정 2024.01.22., 2024.02.05.〉
2. 컵인을 하지 않고 다음 홀에서 티 샷을 한 경우는 해당 홀에서 실격 처리를 한다. (로컬룰을 적용한 경우에는 실격이 아닌 로컬룰에 따른다) 〈개정 2024.01.22.〉
3. 공의 일부가 홀컵 주변에 걸려있는 경우는 그 상황 시점부터 10초내 홀 컵에 들어가면 컵인으로 인정한다.

제20조 공이 움직이거나, 방향이 변경되거나, 정지된 경우 경기자의 스윙에 의하지 않고 공이 정지된 위치에서 다른 위치로 이동하여 정지된 경우 그 공은 움직인 것으로 간주한다.

제20-1조 정지된 공이 움직인 경우
1. 정지된 공이 국외자 및 동반자에 의해 움직이게 된 경우 그 공은 움직이기 전에 있었다고 추정되는 지점에서 경기를 하여야 한다.
2. 경기자가 스트로크를 하기 전에 경기자의 동작에 의하지 않고 공이 움직인 경우에는 그 스윙을 중지하고 그 공이 정지된 지점에서 경기를 하여야 한다. 이 경우에 스트로크는 하지 않은 것으로 간주한다. 〈개정 2024.01.22.〉
3. 경기 중인 공은 경기자가 임으로 공을 집어 올리거나 건드리면 부여하고 원래 있었다고 추정되는 위치에 놓고 경기를 하여야 한다. 〈개정 2024.01.22.〉
4. 경기자가 움직일 수 있는 장애물을 제거하는 과정에서 공이 움직인 경우는 벌타 없이 그 공을 원래 있었다고 추정되는 지점에 놓고 경기를 하여야 한다.
5. 정지되어 있는 동반자의 공이 경기자의 공에 의해 움직인 경우에는 누구에게도 벌타는 없고 경기자의 공은 정지된 지점에서, 동반자의 공은 추정되는 원래 지점으로 경기자가 원 위치를 해야 하는데, 필요시 다른 동반자가 해주어 다음 경기를 하여야 한다. 〈개정 2024.01.22.〉
6. 앞의 각 항을 위반시에는 2벌타를 부여한다.

제20-2조 움직이고 있는 공이 방향을 변경하거나 정지된 경우

1. 움직이고 있는 공이 국외자 또는 동반자에 의해 방향을 변경하거나 정지하였을 경우는 벌타는 없으며, 그 공은 최종 정지된 지점에서 경기를 하여야 한다. 이때, 동반자가 고의적으로 경기자의 공을 멈추게 하거나 움직인 경우는 동반자에게 벌타를 부여한다. 〈개정 2024.01.22., 2024.02.05.〉
2. 경기자의 공이 움직이고 있는 중에 자신에 의해 방향을 변경하거나 정지된 경우는 경기자에게 벌타를 부여하고 공이 멈춰진 위치에서 경기를 하여야 한다.
3. 경기자가 스트로크한 공이 움직이고 있는 중에 다음 순서인 동반자가 스트로크를 하여 경기자의 공과 충돌하여서는 안 된다. 만약, 충돌한 경우에 2개 공은 정지된 위치에서(OB 시에는 OB처치) 다음 경기를 하여야 하며, 동반자에게 벌타를 부여한다. 〈개정 2024.02.05.〉
4. 앞의 각 항을 위반시에는 2벌타를 부여한다.

제21조 처치 〈개정 2024.02.05.〉

제21-1조 공을 집어올림

1. 세컨드 샷 부터 집어 올린 공은 원 위치에 놓아야 하므로 사전에 그 공의 위치를 마크 하여야 한다. 만약, 마크를 하지 않고 집어든 공은 원래 있었다고 추정되는 지점에 놓고 경기를 하여야 한다.
2. 마크를 요구 받았을 경우는 홀 컵을 바라보고 볼 마커를 공 뒤에 놓고 공을 집어 올려야 한다. 이때, 마크를 하는 중에 공을 건드려서 움직이면 벌타 없이 공을 원위치하며, 필요시 다른 동반자가 마크를 해줄 수 있다. 〈개정 2024.0122.〉
3. 세컨드 샷부터 볼 마커가 동반자의 경기에 방해가 될 경우는 클럽헤드 2개 길이까지 좌·우측으로 이동할 수 있다. 이때, 볼 마커를 이동하는 순서와 원 위치하는 방법을 준수하여야 한다. 〈개정 2024.01.22.〉
4. 앞의 각 항을 위반시에는 2벌타를 부여한다.

제21-2조 공을 원위치에 놓음 (리플레이스)

1. 마크한 공은 경기자 자신이 원 위치한다.
2. 볼 마커를 못 찾았거나 옮겨져서 원 위치를 확정할 수 없는 경우는 그 공이 정지되어 있었다고 추정되는 지점에 놓아야 한다. 이를 위반시에는 2벌타를 부여한다.

제21-3조 공을 놓음 (플레이스)

1. 공을 놓을 경우는 경기자 자신이 놓아야 한다. 경기자에 의하여 움직여진 동반자의 공은 원래 있었다고 추정되는 지점으로 경기자(필요시 다른 동반자)가 이동시켜야 한다. 〈개정 2024.01.22.〉
2. 움직여진 공의 위치를 확정할 수 없을 경우는 그 공이 정지되어 있었다고 추정되는 지점에 놓아야 한다.
3. 공을 놓았는데 공이 계속 움직일 경우는 깃대에 가깝지 않게 공이 정지될 수 있는 가까운 지점에 놓아야 한다.

제21-4조 경기에 방해되는 공

1. 경기자는 동반자로부터 자신의 공을 마크하도록 요구 받았을 경우는 마크를 하거나 동반자의 동의하에 먼저 샷을 할 수 있다. 이 경우에 집어 올린 공은 원 위치하여야 한다. 〈개정 2024.02.05.〉
2. 티 샷을 할 경우는 마크 요구를 할 수가 없으며, 세컨드 샷부터는 20m이내의 공에 대하여 할 수 있다. 〈개정 2024.02.05.〉
3. 앞의 1항을 위반시에는 2벌타를 부여한다. 〈개정 2024.02.05.〉

제22조 장애물 구제 〈개정 2024.02.05.〉

제22-1조 움직일 수 있는 장애물

1. 경기자는 움직일 수 있는 장애물에서 다음과 같은 구제를 받을 수 있다.
    가. 공이 움직일 수 있는 장애물에 의해 스탠스나 스트로크의 방해가 될 경우는 그 장애물을 제거 할 수 있다. 장애물을 제거하는 도중에 공이 움직인 경우는 벌타 없

이 움직인 공을 원래 있었다고 추정되는 지점에 놓아야 한다.

나. 공이 움직일 수 있는 장애물 안 또는 위에 있을 경우는 벌타 없이 그 공을 집어 올린 다음 장애물을 제거할 수 있다. 이 경우 집어 올린 공은 원 위치 한다.

다. 정해진 위치에 거치된 모래 고르개, 공 회수용 뜰채를 경기자가 사용 후 원 위치하지 않은 경우 다음 경기자가 샷에 방해가 되면 이동시킬 수 있다. 〈개정 2024.01.22., 2024.02.05.〉

제22-2조 움직일 수 없는 장애물

1. 움직일 수 없는 장애물 안 또는 위에 공이 있는 경우이거나 공이 이것에 근접해 있기 때문에 경기자의 스탠스 또는 스트로크의 방해가 될 경우는 움직일 수 없는 장애물에 의해 장애가 생긴 것으로 간주한다.
2. 코스내에 수리지, 캐주얼 워터, 배수구, 스프링 쿨러, 예비 홀컵 위에 공이 놓여있거나 걸쳐있을 경우는 무벌타로 홀컵과 가깝지 않게 규칙에 따른 길이 만큼과 처치방법으로 구제를 받고 다음 경기를 한다. 〈개정 2024.01.22.〉
3. 샷을 하는 목표방향에 움직일 수 없는 장애물이 있는 경우는 구제 없이 경기를 하여야 한다.
4. 1항의 장애에 따라 공을 스트로크를 할 수 없는 경우에 이를 구제할 수는 없다. 이 경우에는 경기자가 언플레이어블을 선언하고 처치하여야 한다. 이를 위반시에는 2벌타를 부여한다. 〈개정 2024.02.05.〉
5. 움직일 수 없는 장애물에 공이 정지한 경우에 이를 훼손하면서 스트로크를 하면 2벌타를 부여한다. 〈개정 2024.01.22.〉

제22-3조 벙커

1. 벙커에서는 모래에 묻혀 있는 공을 치기 쉽도록 클럽헤드 밑 부분으로 모래를 누르는 경우, 공 주위 모래를 클럽이나 발로 고르는 경우, 백스윙없이 밀어내듯이 또는 퍼 올리는 샷을 하는 경우, 샷을 한 공이 벙커 턱을 맞고 되돌아오는 공을 무의식적으로 막은 경우는 모두 2벌타를 부여한다.

2. 공을 맞히지는 못하고 주변의 모래를 친 경우는 스트로크를 하지 않은 것으로 간주한다.

제22-4조 캐주얼 워터

1. 일시적인 물웅덩이 속에 공이 있거나 스탠스를 취해야 할 경우 또는 공과 스탠스의 일부가 물에 걸쳐질 경우에 경기자는 그 공을 있는 그대로의 상태로 경기를 하거나 캐주얼 워터로 구제를 받을 경우는 그 상태를 동반자의 확인을 받아 처리할 수 있다. 단 눈이나 얼음(이슬, 서리는 제외)은 경기자의 선택에 따라 캐주얼 워터 또는 움직일 수 있는 장애물로써 처리할 수 있다.
2. 경기자가 전 항의 규칙에 따라 구제를 받을 경우는 다음의 처치를 하여야 한다.
    가. 페어웨이의 경우
    - 해당 캐주얼 워터에서 좌·우측 가까운 쪽으로 공을 빼내어 경계선에서 깃대를 보고 수직방향으로 서서 홀컵에 가깝지 않게 스탠스와 스트로크가 가능한 2클럽 이내의 지점에 벌타 없이 공을 놓고 다음 경기를 한다. 〈개정 2024.01.22.〉
    나. 벙커 내의 경우
    - 공을 집어 올려서 다음과 같은 지점에 공을 놓고 경기를 한다.
        a. 벙커 내에서 해당 캐즈얼 워터를 피할 수 있도록 하기 위하여 홀컵에 가깝지 않고 공이 정지되어 있던 지점에서 스탠스와 스트로크가 가능한 벙커내에 가까운 지점
        b. 벙커내에 공을 놓을 장소가 없을 경우는 해당 캐주얼 워터를 피하여 홀컵에 가깝지 않고 공이 정지되어 있던 지점에서 스탠스와 스트로크가 가능한 벙커 밖의 가까운 지점
3. 앞의 각 항을 위반시에는 2벌타를 부여한다.

제22-5조 수리지

1. 수리지 내에 공 또는 경기자의 스탠스의 일부가 수리지에 걸쳐 있을 경우는 구제를 받을 수 있다.

2. 경기자가 전 항에 따라 구제를 받을 경우는 좌·우측 가까운 쪽으로 빼내어 수리지역 경계선에서 깃대를 보고 수직방향으로 서서 양팔을 벌려 스탠스와 스트로크가 가능한 2클럽이내의 홀컵과 가깝지 않은 지점에 공을 놓고 경기를 하여야 한다. 〈개정 2024.01.22.〉

3. 앞의 각 항을 위반시에는 2벌타를 부여한다.

제22-6조   워터 해저드

1. 워터 해저드에 공이 들어가면 구제는 받을 수 없고 있는 그대로의 상태로 경기를 하여야 한다.

2. 이때, 워터 해저드 내에서의 경기가 안 될 경우에는 경기자는 언플레이어블을 선언하고 2벌타를 부여하여 워터 해저드에 공이 떠 있는 위치에서 좌·우측 가까운 쪽으로 2클럽이내의 홀컵에 가깝지 않은 지점에 공을 놓거나 별도의 표식(OB 티)에서 경기를 하여야 한다. 이때, 워터해저드에 있는 공을 들어 올린 경우에 언플레이어블을 선언하였다고 간주한다. 〈개정 2024.01.22.〉

3. 앞의 각 항을 위반시에는 2벌타를 부여한다.

제23조   분실 또는 OB의 공

1. 분실한 공을 찾는 시간은 3분이내로 하여 경기속도를 지연시키지 않도록 하고 예비공이 없어 경기진행이 안될 경우는 경기실격으로 처리한다.

2. 공을 분실한 경우는 2벌타를 부여하고 분실하였다고 추정되는 지점에서 깃대를 보고 수직방향으로 서서 양팔을 벌려 홀 컵에 가깝지 않게 2클럽이내의 지점에서 예비공을 놓고 경기를 한다. 다만, 분실구로 처리하고 스트로크를 한 후에 공을 찾았더라도 그 공은 분실구로 처리한다.

3. OB판정은 공이 놓인 지점에서 공의 수직 상방에서 내려보아서 OB 라인 또는 2개의 OB 말뚝 외측 연장선에서 벗어난 경우에 OB로 판정한다. 특히, OB 경계선 근처에서 OB여부의 판정은 경기자 본인이 먼저 판단하고 동반자 모두의 확인을 받아야 하며, 이때, 의견이 다른 경우에 심판의 판정에 따른다. 만약, 동반자의 확인을 받지 않

고 임의로 경기를 하였을 경우는 OB로 간주하며, 그 위치가 경계선 밖이라고 확인되면 OB처치 방법 위반의 2벌타를 추가로 부여한다. 〈개정 2024.01.22.〉

4. 그린 주변에 OB 라인과 OB 말뚝이 동시에 설치된 경우는 OB 라인을 우선하여 정지한 공의 수직 상방에서 내려다보아 경계선에서 벗어났을 시 OB로 판정한다. 〈개정 2024.01.22.〉

5. 공이 OB가 난 경우 처치는 마지막 OB 말뚝 또는 OB 라인을 벗어났다고 추정되는 지점에서 깃대를 보고 수직으로 서서 양팔을 벌려 좌·우측에 2클럽이내의 홀컵과 가깝지 않은 지점에 공을 놓고 다음 경기를 한다. 이때, 공을 놓을 지점이 없는 경우는 별도의 표식(OB 티)에서 경기를 할 수 있다. 〈개정 2024.01.22.〉

6. 그린 주변에 OB 말뚝이 있는 홀에서 OB가 난 경우의 처치는 첫 번째 OB 말뚝과 두 번째 OB 말뚝 연장선을 기준하여 공이 벗어난 지점에서 깃대를 바라보고 양팔을 벌려 좌·우측으로 2클럽이내의 깃대에 가깝지 않게 공을 놓고 경기를 하는데 깃대를 향해 직접공략이 가능하다. 〈개정 2024.01.22.〉

7. 도그레그 홀에서 적색 OB말뚝을 설치한 경우 말뚝 안쪽인 페어웨이로 샷을 하여야 한다. 〈신설 2024.01.22.〉

8. 앞의 각 항을 위반시에는 2벌타를 부여한다.

제24조 언플레이어블의 공

1. 경기자는 코스내 어디에 있더라도 자신의 공을 칠 수 없을 경우는 언플레이어블을 선언하여야 한다.

2. 언플레이어블을 선언하게 되는 경우 2벌타를 부여하며, 그 위치에서 깃대를 바라보고 수직방향으로 양팔을 벌려 좌, 우측에서 2클럽이내에 깃대에 가깝지 않은 지점에 공을 놓고 다음 경기를 한다. 이때, 샷이 가능한 지점이 없을 경우는 추가 벌타 없이 이전 샷을 한 방향으로 이동하면서 샷이 가능한 지점에서 다음 경기를 한다. 〈개정 2024.01.22.〉

제25조 대회본부 운영 〈개정 2024. 01. 22.〉

대회본부는 경기 실시에 관해 필요한 인원으로 구성하여 다음과 같은 사항을 조치한다.

1. 대회 준비 및 진행 〈개정 2024. 01. 22.〉

    가. 코스 정비 및 OB 구역, 수리지의 경계 등을 명확히 표시하고 모든 설치물의 상태를 확인한다. 〈개정 2024. 01. 22.〉

    나. 경기 당일에 경기자가 코스에서의 사전 연습 행위를 금지하고 이에 관해서는 대회 요강 등에 공지한다. 〈개정 2024. 01. 22.〉

    다. 천재지변 등의 사유로 경기가 불가능한 상태라고 인정한 경우 경기의 중지를 결정할 수 있고 경기의 일부 또는 전부를 무효로 하여 스코어를 취소할 수 있다. 만약, 경기가 잠정 중단되어 다시 재개될 경우는 중지된 위치에서 다시 경기를 진행시켜야 한다. 〈개정 2024. 01. 22.〉

    라. 대회 기간 중 발생한 사안에 따라 정당한 개인사유가 인정되는 경우에 경기실격 대상에서 제외한다. 〈개정 2024. 01. 22.〉

2. 로컬룰

본 협회의 규정에 위배되지 않는 범위에서 파크골프장별 특성에 필요한 최소한의 로컬룰을 대회 당일에 공지하여야 한다. 〈개정 2024. 01. 22.〉

    가. 곡선의 통로(자전거 도로, 보행도로 포함)에서 홀이 구분되어 있을 경우 통로를 홀의 OB지역 경계로 구분하여야 하는데 OB말뚝으로 표시가 곤란한 경우에 말뚝 없이도 통로의 홀쪽내측 라인을 OB경계선으로 할 수 있다. 〈개정 2024. 01. 22.〉

    나. 임시 장애물(본부석, 방송기재 등)에 의한 장애물에서의 구제 방법을 마련하여야 한다. 〈개정 2024. 01. 22.〉

    다. 코스의 보호를 해야 하는 특정 구역(잔디육성지, 식수지, 재배지 등)을 경기 금지 구역인 수리지로 표지한다.

    라. 도그 레그(Dog leg)홀은 안전 또는 난이도를 고려하여 직접 공략을 못 하게 할 수 있다. 〈개정 2024. 01. 22.〉

3. 별도의 표식(OB 티)

    – 위원회는 워터 해저드와 그린주변에서 OB난 공을 처치함에 있어서 공을 놓을 장소

가 없을 경우에는 해당 근접 지점의 좌, 우측에 별도의 표식(OB 티)을 할 수 있으며, 이를 경기자에게 공지하여야 한다.

4. 순위 결정
   - 위원회는 대회에서 경기방식, 홀 진입방법을 포함하여 동일 스코어의 순위를 결정하는 방법 등을 경기자에게 공지하여야 한다.

5. 규칙에 없는 사항
   - 분쟁의 쟁점이 본 규칙에 명시되어 있지 않은 경우에는 형평의 원칙에 따라 처리하고 이후 추가로 제정한다.

부칙 1. 상황별 경기 규칙 〈개정 2024.01.22., 2024.02.05.〉

상황 및 행동	적용
1. 티업하기 전 가. 경기 당일 코스내에서 연습 스트로크를 하는 경우 나. 경기 중에 동반자에게 조언하는 경우 다. 경기 시작 후 도착한 경우	실격 에티켓 위반 실격
2. 샷 동작 가. 샷을 하였으나 헛스윙이 된 경우 나. 클럽의 샤프트, 그립 끝으로 공을 친 경우 다. 백스윙 없이 밀어내기, 퍼올리기, 당기기 행위 라. 클럽에 공이 2회이상 연속하여 접촉하는 경우	1타 가산안함 2벌타 2벌타 2벌타
3. 티잉 그라운드 가. 티잉 그라운드에서 발이 일부분이라도 벗어나서 티 샷을 한 경우 나. 연습 스윙시 클럽헤드에 공이 맞아 티에서 떨어진 경우 다. 티잉 그라운드 이외의 위치에서 공을 놓고 티 샷을 한 경우 라. 티 샷시 클럽헤드에 맞거나 바람 영향으로 공이 티에서 떨어진 경우 마. 티 위에 공을 놓지 않고서 티 샷을 한 경우 바. 방향을 정하는 표시물을 목표 방향쪽에 놓고 티 샷을 한 경우 사. 티 샷을 한 공이 티잉 그라운드를 벗어나 후면에 정지한 경우 아. 티 샷을 하기 전에 연습스윙을 2회 이상 실시한 경우	2벌타 1타 가산 2벌타 1타 가산 2벌타 2벌타 2벌타 매너위반

상황 및 행동	적용
4. 정지된 공	
가. 놓여진 공 주위의 잔디, 모래 등을 클럽, 발 등을 이용하여 고르거나 샷을 하기 좋게 개선하는 경우	2벌타
나. 공 주변의 옮길 수 없는 장애물을 이동하는 경우	2벌타
다. 나뭇가지를 꺾거나 발로 걷어 올리는 경우	2벌타
라. 옮길 수 없는 장애물로 샷이 불가능한 경우에 언플레이어블을 선언하지 않고 샷을 한 경우	2벌타
마. 나무 밑둥에 놓인 공을 백스윙 없이 클럽으로 끌어 당기는 경우	2벌타
바. 긴 풀에 파묻힌 공을 건드려서 자신의 공인 지를 확인하는 경우	2벌타
사. 공에 접근하면서 고의로 공을 움직인 경우	2벌타
아. 공에 접근하여 무심결에 공을 밟은 경우	무벌타
자. 공 앞쪽 목표방향에 표시물을 놓거나 클럽헤드가 지면에 닿은 경우	2벌타
5. 움직이는 공	
가. 경기자의 공이 움직이는 중에 다음 순서의 경기자가 샷을 하여 충돌한 경우	2벌타
나. 샷을 한 공이 장애물을 맞고서 자신의 몸에 맞은 경우	2벌타
다. 어드레스 이후 백스윙 도중에 공이 움직여서 백스윙을 중지한 경우	무벌타
라. 경사면에서 움직이는 자신의 공을 클럽 또는 발로 막은 경우	2벌타
마. 움직이는 경기자의 공이 동반자의 클럽, 발 등에 의해 멈춘 경우	무벌타
바. 움직이는 경기자의 공을 동반자가 고의적으로 공을 멈추게 한 경우	2벌타
사. 충돌로 움직여진 자신의 공을 원 위치 안하고 샷을 한 경우 이때, 필요시 다른 동반자가 원 위치한 경우	2벌타 무벌타(가능)
6. 공 교체	
가. 1개 코스내에서 경기 중에 임의로 공을 교체한 경우	2벌타
7. 뒤바뀐 공	
가. 세컨드 샷부터 동반자의 공으로 샷을 한 경우	2벌타
나. 1번홀의 공 거치대에서 다른 경기자의 공으로 샷을 한 경우	무벌타
8. 공 손상	
가. 공에 금이 가서 동반자에게 통보하고 교체한 경우	무벌타
나. 공이 2개로 분리된 경우	무벌타

상황 및 행동	적용
9. 마크	
가. 마크 요구가 없는데 공을 임의로 집어 올려 이물질을 제거한 경우	2벌타
나. 공을 먼저 집어 올린 후에 마크한 경우	2벌타
다. 마크한 뒤에 볼 마커를 먼저 집어든 후에 공을 놓은 경우	2벌타
라. 마크할 때 홀컵과 가깝게 공 앞 또는 옆에다 마크한 경우	2벌타
마. 장애물이 방해된다고 공을 임의로 좌·우로 이동한 경우	2벌타
바. 볼 마커를 좌·우로 이동한 후에 원위치하지 않고 샷을 한 경우	2벌타
사. 마크하는 도중에 공을 건드린 경우	무벌타
아. 티 샷을 하기 전에 동반자의 공에 대해 마크를 요구한 경우	요구불가
자. 20m이상 떨어진 동반자의 공에 대해 마크를 요구한 경우	요구불가
차. 경기자가 마크를 요구하였는데 이에 불응한 경우	매너위반
이때, 필요시 다른 동반자가 마크해주는 경우	무벌타(가능)
10. 움직일 수 있는 장애물	
가. 공 주변의 낙엽, 작은 돌, 나뭇가지, 비닐봉지 등을 치운 경우	무벌타
나. 움직일 수 있는 장애물을 치우다가 공을 건드린 경우	무벌타
11. 움직일 수 없는 장애물	
가. OB 말뚝(라인)을 제거하고 샷을 한 경우	2벌타
나. 나뭇가지 등에 공이 걸려 샷을 할 수 없는 경우 또는 장애물을 훼손하면서 샷을 한 경우	2벌타
다. 어드레스하면서 안전망을 신체의 일부분으로 걷어 올리는 등의 행위	2벌타
라. 안전망 뒤에서 망을 먼저 가격하면서 공을 친 경우	2벌타
마. 백스윙 도중에 안전망을 건드린 경우	무벌타
바. 깊은 러프에서 공 주변의 긴 풀을 정리한 경우	2벌타
사. 수리지, 캐주얼 워터, 배수구. 스프링 쿨러, 예비 홀컵위에 또는 걸쳐 있는 경우	구제가능
아. 샷을 하는 목표방향에 고정 장애물이 있는 경우	구제불가
12. OB난 공 또는 OB난 공의 처치	2벌타
가. OB경계선을 벗어난 지점에서 홀컵에 가깝게 2클럽 이상 공을 놓은 경우	
나. OB여부가 확인되지 않은 지점에서 동반자 또는 심판의 판정없이 임의로 샷을 한 경우	2벌타
다. OB선이 지면에서 떠 있어서 샷에 지장이 있어 밟고 샷을 한 경우	무벌타
라. OB가 난 공을 규칙대로 처치하지 않고 다음 경기를 한 경우	2벌타

상황 및 행동	적용
13. 언플레이어블 가. 언플레이어블 상황에서 공을 집어올린 경우 나. 언플레이어블 선언 후에 공이 있던 지점에서 홀 컵과 가깝게 2클럽이상의 위치에 공을 놓은 경우 다. 2클럽 이내로 처치시 샷을 할 지점이 없을 경우에 이전 샷을 한 지점의 방향으로 이동하여 샷이 가능한 지점에 공을 놓은 경우	2벌타 2벌타 추가 벌타없음
14. 분실한 공 가. 경기 도중 공을 못 찾아서 분실구가 발생한 경우 나. OB난 공이 분실된 경우 다. 분실구 등으로 경기 지연 행위 (3분이상) 및 앞 조와의 간격이 2개홀 이상 뒤쳐진 경우	2벌타 2벌타 2벌타
15. 그린 가. 퍼팅 라이를 개선하기 위하여 잔디 등을 클럽으로 고르는 경우 나. 홀컵에서 2클럽이상의 거리에 있는 자신의 공을 임의로 마크한 경우 다. 홀컵에 가까이 있는 공을 컵인을 하지 않고 집어올린 경우 라. 홀컵에 가까이 있는 공을 한 손으로 퍼팅을 한 경우 마. 깃대를 뽑고 퍼팅을 한 경우 바. 컵인으로 홀아웃을 하지 않고 다음 홀로 이동하여 경기를 한 경우 사. 공이 홀컵주변에 걸쳐있어 10초를 초과하여 기다린 경우	2벌타 2벌타 2벌타 매너위반 2벌타 실격 매너위반
16. 벙커 가. 공을 백스윙 없이 밀어내거나 퍼올리는 경우 나. 공 주변의 모래를 고르거나 눌러서 라이를 개선하는 경우	2벌타 2벌타
17. 캐주얼 워터 가. 일시적인 물웅덩이에 공, 스탠스가 걸치므로 2클럽 이상인 지점 또는 홀컵에 가깝게 공을 놓은 경우 나. 벙커 내 작은 물웅덩이에 공, 스탠스가 걸쳐있어 벙커 밖으로 공을 꺼낸 경우	2벌타 2벌타
18. 워터 해저드 가. 워터 해저드에 공이 빠져서 샷을 할 수 없는 경우 나. 수로에 빠져 움직이는 공을 쳐 내는 경우 다. 처치시 2클럽을 초과한 지점 또는 홀컵에 가깝게 공을 놓은 경우	2벌타 2벌타 2벌타

상황 및 행동	적용
19. 수리지, 배수구, 스프링 쿨러	
가. 처치시 2클럽을 초과한 지점 또는 홀컵에 가깝게 공을 놓은 경우	2벌타
20. 홀을 잘못 진입	
가. 다른 홀로 진입하여 1개홀을 경기한 경우	2벌타(전원)
나. 다른 홀로 진입하여 2개홀을 경기한 경우	4벌타(전원)
21. 별도의 표식(OB티)	
가. 그린 주변에서 OB난 공을 처치시 공을 놓을 장소가 없을 경우에 해당 근접 지점의 좌·우측에 별도의 표식(OB 티) 가능 여부	가능
나. 워터 해저드 주변 좌·우측에 별도의 표식(OB티) 가능 여부	가능
22. 기타	
가. 스코어카드에 실제 타수보다 적게 기록한 경우	실격(해당자)
나. 규칙 적용을 배제하거나 부여받은 벌타를 면제하기로 합의한 경우	실격(전원)

Part 07

파크골프 에티켓과 매너

01 안전 관련 매너

- 앞 사람이 칠 때 기다리기……타구 전방에 사람이 있을 경우 절대 타구하지 않음
- "샷 들어갑니다!" 외치기……타구 전 주변 사람들에게 알리는 습관
- 클럽 휘두르기 주의……코스 외 공간이나 대기 중 클럽을 함부로 휘두르지 않기
- 플레이 중 대화 자제……집중을 방해하지 않도록 조용히 대기

02 경기 매너와 에티켓

1) 경기 매너

- 차례 지키기……항상 순서대로 타구, 순서를 지키는 것이 기본 예절
- 빠른 진행……느린 플레이로 뒷팀에 지장을 주지 않도록 신속하게 경기
- 공 회수는 신속하게……홀컵에 공이 들어가면 즉시 공 회수 후 다음 홀로 이동
- 홀 주변에 서있지 않기……퍼팅 중인 사람의 시야나 움직임을 방해하지 않도록 주의

2) 장비와 복장 관련 매너

- 개인 장비 관리……클럽, 공, 티 등을 타인과 구분해서 정리하고 공유 장비는 소중히 다룸
- 운동화 착용……골프화 대신 일반 운동화 착용, 잔디 손상 방지
- 단정한 복장……지나치게 노출된 복장이나 소란스러운 스타일은 지양

3) 코스 보호 매너

- 잔디 보호……클럽으로 땅을 찍거나 끌지 않기, 공 자국 정리
- 쓰레기 처리……쓰레기, 티 조각 등은 반드시 휴대하거나 지정된 장소에 버리기
- 통로 이용……코스 외 잔디나 금지구역 무단 출입 금지, 이동 시 지정된 길 이용

4) 동반자 및 후속팀 배려

- 예의 바른 인사……시작과 종료 시 인사 및 감사 표현
- 플레이 양보……느린 플레이 시 뒷팀에 선 양보 가능 (패스 플레이)
- 초보자 배려……실수에 대한 비난 금지, 친절한 조언만 허용
- 휴대전화 사용 자제……경기 중 통화나 큰 소리 방해 금지

기억하면 좋은 핵심 규칙 5가지

"절대 앞 사람 있을 때 치지 않는다."

"조용히, 차례대로, 신속하게 플레이한다."

"코스는 내 집처럼 깨끗이 사용한다."

"양보와 배려는 파크골프의 미덕이다."

"끝날 때는 감사 인사를 잊지 않는다."

Part 08

파크골프 경기 진행 방법

01 경기 진행 방법

1) 경기 전 준비사항

- **참가자**……구성 개인전 또는 팀전(보통 3~4인 1조)
- **장비 준비**……클럽 1개, 공 2개, 티, 점수표, 필기도구, 볼주머니, 볼클립, 장갑, 모자
- **경기 코스 확인**……9홀 또는 18홀 기준으로 설정된 코스 확인(18홀 기준 66타). 경기 전에 코스(파3, 파4, 파5 구성, 홀 위치 미리 파악)
- **순서 정하기**……티잉 그라운드에서 제비뽑기 또는 미리 순서 지정

2) 기본 경기 규칙

- 타수 제한……각 홀마다 기준 타수(par)의 3배까지 인정(예: 파 3 → 최대 9타)
- 동시 플레이……같은 조(3~4명)는 순차적으로 한 명씩 플레이
- 다음 홀 진행……모든 인원이 해당 홀에서 공을 홀컵에 넣은 후 다음 홀로 이동
- 코스 내 공의 위치……공은 있는 그대로 쳐야 함(라이 변경 금지)
- 홀컵……지름 약 20cm, 공이 완전히 들어가야 홀 완료로 인정

3) 경기 진행 순서 (1홀 기준)

(1) 티잉 그라운드

티를 꽂고 공을 올린다. 순서에 따라 티샷(첫 타)을 한다. 나머지 참가자들도 순차적으로 티샷한다. 발이 티잉 그라운드 밖으로 나가면 벌타.

(2) 페어웨이 플레이

공이 멈춘 위치에서 그다음 순서로 샷 진행하는데, 보통 공이 홀과 가장 먼 사람부터 플레이한다. 반복해서 홀컵에 넣을 때까지 스윙을 한다. 홀아웃한 사람은 홀컵 근처에서 방해되지 않게 대기한다.

(3) 티샷 이후에 공 치는 순서
- 깃대로부터 먼 공부터 샷을 한다.
- 모든 공이 비슷한 위치에 있는 경우 경기자끼리 순서를 조율한다.

(4) 마크를 요구할 수 있는 경우
- 다른 사람의 퍼팅라인을 방해할 때
- 안전 또는 시야확보가 필요할 때

(5) 동반자의 볼 마커가 퍼팅에 방해가 될 경우의 행동요령
- 마크의 좌우측으로 클럽헤드 2개 길이까지 이동을 요구

(3) 홀 종료 및 이동
모두 홀컵에 공을 넣으면 각자의 타수를 점수표에 기록한 후, 다음 홀로 조용하고 안전하게 이동한다. 다음 홀의 티잉 그라운드에서 앞 홀에서 가장 적은 타수 기록한 사람이 첫 타자가 된다.

4) 스코어 카드 계산 방법

홀의 최고 타수는 통상적으로 기준 타수의 2배까지 허용한다.
- 1타 = 1점, 벌타(OB, 규칙위반) = 타수 + 2점
- 최고 타수……Par3 : 기준 6타, Par4 : 기준 8타, Par5 : 기준 10타

- 실제 타수……각 참가자가 해당 홀에서 공을 넣을 때까지 친 횟수
- 스코어 계산……실제 타수 − 기준 타수 = ±스코어(예: 4타에 홀인, 파 3 = +1)
- 누적 방식……전체 홀의 점수를 합산하여 최종 스코어 계산
- 승자 결정……전체 합산 타수가 가장 적은 사람이 우승 → 타수가 같을 경우 연장전 또는 특정 홀 성적 비교. 실제 타수보다 적게 기록할 경우에는 실격으로 처리하고, 많게 기록했을 때는 그대로 둔다.

5) 벌타(페널티) 규정 예시

- 공을 잘못 쳐서 OB(Out of Bounds)……라인 밖 → 2벌타, OB존 → 2벌타
- 공이 워터 해저드에 빠짐……2벌타
- 공이 캐주얼 워터에 빠짐……무벌타
- 타인의 공을 친 경우……2벌타
- 플레이 순서 위반, 방해……2벌타(공 원위치)
- 스트로크 위반(당기기, 퍼올리기)……2벌타
- 퍼팅마크 위반……마크 위치 잘못 → 2벌타(공 원위치), 깃대 뽑고 퍼팅 → 2벌타
- 퍼팅 라인 고르거나 잔디 누름……2벌타
- 최고 타수 제한(더블파)……각 홀에서 기록할 수 있는 최대 타수는 Par

의 2배, Par3 : 최대 6타, Par4 : 최대 8타, Par5 : 최대 10타

※ 일부 코스나 대회에서는 벌타 규정이 다를 수 있으므로 사전 확인 필수이다.

6) 경기 진행 시 매너

- 동반자의 스윙이나, 퍼팅시 조용히 대기
- 자기 차례 외엔 클럽 휘두르지 않기
- 홀컵 근처에서는 멀찌감치 대기
- 스코어 기록은 신속하고 정확하게
- 앞조와의 거리 유지: 지나치게 붙지 않도록 주의
- 경기 전후 인사 나누기
- 다른 사람이 샷할 때 우측 후방(4~6시)에서 대기

02 국내외 파크골프 대회

1) 국내 파크골프 대회

(1) 주요 주관 단체

- 대한파크골프협회(KPGA)······ 전국 대회 및 공식 룰 제공
- 지방자치단체 및 시도 협회······ 지역 단위 대회 개최
- 대한체육회 생활체육 부문······ 동호인 중심 생활체육대회 운영

(2) 국내 대회 운영 방식

- 종목 구분······ 남자부/여자부/연령별(60대·70대 이상 등)

주요 국내 대회 목록

대회명	개요	특징
전국생활체육 파크골프대회	대한파크골프협회 주최	가장 규모가 큰 전국단위 대회
전국어르신 파크골프대회	대한체육회 및 노인복지재단 공동	고령자 중심 참가, 복지 스포츠로 인식
지방자치단체장배 대회	각 시·군·구 주최	지역 홍보 및 주민 참여 중심
도민체전/군민체전 파크골프 종목	일부 시도 체육회 채택	경상북도, 강원도 등에서 정식 종목으로 운영
파크골프 동호인리그	지역 클럽 운영	월례 경기, 자체 순위제 운영

- 경기 방식······18홀 또는 36홀, 개인전이 일반적
- 순위 결정······총 타수 합계로 순위 산정(타수 적은 순 우승)
- 시상······우승, 준우승, 3위 등/연령별 부문상도 존재
- 참가 자격······협회 등록회원, 동호인, 지역 제한 있는 경우도 있음

2) 국제 파크골프 대회

(1) 주요 국제 주관 단체
- 일본파크골프협회(JPGA)
- 아시아파크골프연맹(AFGA)
- 세계파크골프연맹(WPGA)(비공식 조직 중심 활동)

주요 국제 대회 목록

대회명	참가국	특징
일본 전국 파크골프 선수권대회	일본 내 최대 규모	프로/아마추어 모두 참가, JPGA 주관
한일 친선 파크골프 교류전	한국, 일본	매년 번갈아 양국 개최, 친목 및 실력 교류 목적
아시아 파크골프 선수권 대회	일본, 한국, 대만, 중국 등	아시아권 중심 국제 대회
한·일·중 국제 동호인 대회	비공식 국제대회	민간·지자체 공동 개최, 참가자 교류 중심
국제 시니어 파크골프대회	그령자 대상	건강 복지 중심 대회, 관광 연계형 대회로도 운영

(2) 국제 대회의 특징

- 주 참가층……50대 이상 동호인, 지도자, 아마추어 선수
- 경기 규칙……일본 JPGA 기준 준용(거의 동일)
- 언어/의사소통……통역자 배치, 다국어 안내문 제공
- 관광 연계……개최지 홍보 및 국제 교류 목적 병행
- 운영 형식……개인전 또는 단체전, 18홀 또는 36홀 기준

3) 파크골프대회의 의의 및 전망

- 건강 증진……고령자 및 중장년층의 체력 관리와 여가 활동
- 국제 교류……일본·대만·한국 간 친선 외교 역할
- 생활체육 저변 확대……골프보다 쉽고 저렴한 대회로 많은 참여 유도
- 지역 경제 효과……대회 개최 시 관광 및 숙박, 지역 홍보 효과 큼
- 교육적 가치……예절, 규칙, 협동심 학습 효과 탁월

Part 09

파크골프와 건강

01 파크골프가 건강에 미치는 영향

1) 신체 건강에 미치는 영향

(1) 유산소 운동 효과
- 한 게임(18홀 기준)에서 평균 3~4km를 걷게 되어 심폐 기능 향상
- 심장질환, 고혈압, 당뇨병 예방에 도움

(2) 근력과 균형감각 강화
- 스윙 동작을 통해 팔, 어깨, 허리 근육 사용

- 무릎, 고관절 안정성 향상, 낙상 예방에 효과적

(3) 골밀도 유지 및 퇴행성 질환 예방
- 지속적인 걷기와 햇볕 노출로 골다공증 예방
- 무리 없는 반복 동작은 관절 통증 감소에 도움

(4) 운동 지속률이 높음
- 운동 강도가 적당하고, 부담이 적어 꾸준히 오래할 수 있음
- 부상의 위험이 낮아 고령자에게도 적합

2) 정신 건강에 미치는 영향

(1) 스트레스 해소와 심리적 안정
- 자연 속에서 운동 → 힐링 효과, 뇌파 안정
- 승부에 대한 긴장감이 있지만 심리적 스트레스는 오히려 해소됨

(2) 인지 능력 향상
- 거리 계산, 방향 판단, 전략적 사고 필요 → 두뇌 자극
- 노인성 치매 예방, 기억력 및 집중력 향상에 긍정적

(3) 우울감과 고립감 감소

- 야외 활동과 사람들과의 소통 → 정서적 안정감 회복
- 특히 퇴직 이후 삶에서 의욕 회복에 기여

02. 파크골프가 삶에 미치는 영향

1) 사회적 삶에 미치는 영향

(1) 관계 형성과 사회적 연대 강화

- 파크골프는 혼자보다 함께하는 스포츠
- 클럽 활동, 지역 동호회, 대회 참가 등으로 사회적 소속감 상승

(2) 세대 간 소통 기회 제공

- 가족 단위 또는 청년층과의 세대 간 교류 기회 확대
- 은퇴 후 사회적 역할과 정체성 회복 가능

(3) 여가 활용의 질 향상

- 단순한 노는 시간을 넘어서 자기 개발적 여가 활동으로 인식
- "놀면서 운동하고, 운동하면서 사람 만나는" 구조

2) 삶의 질(QOL) 향상

(1) 파크골프가 삶의 질에 미치는 영향
- 건강 수준……심폐 기능과 신체 활동성 증가, 질병 예방
- 정서적 만족감……성취감, 안정감, 활력 상승
- 사회적 삶……친구, 동호회, 지역사회 참여 기회 증가
- 자아 존중감……경기력 향상과 소통을 통한 자신감 회복

(2) 연구 및 사례 기반 효과
- 운동 후 혈압 감소……평균 10~15mmHg 감소(경기 전·후 비교)
- 행복감 증가……파크골프 참여 노인의 우울감 지수 감소, 삶의 만족도 상승
- 참여 지속률……1년 이상 지속한 비율 70% 이상(걷기보다 높음)
- 치매 예방 효과……꾸준한 참여자들의 인지 능력 유지율 높게 나타남

Part 10

파크골프와 스포츠윤리

01 스포츠의 윤리적 기초

1) 도덕, 윤리, 법의 개념

(1) 도덕과 윤리

윤리와 도덕은 사회의 구성원들이 양심, 사회적 여론, 관습 따위에 비추어 스스로 마땅히 지켜야 할 행동준칙이나 규범을 말한다. 법률은 외적 강제력을 갖고 있지만 윤리나 도덕은 각 개인의 내면적 원리로서 작용한다. 종교는 인간과 신 사이의 관계이지만 윤리나 도덕은 인간 상호 간의 관계를 규정한다.

윤리는 인간이 사회를 구성하고 살아가는 데 있어서 지켜야 할 이치 또는 도리라는 의미이다. 물리(物理)를 사물의 이치라고 한다면 윤리는 인간관계의 이치이다.

물리는 자연에서 언제나 변함없이 나타나는 이치이지만 윤리는 반드시 그렇지는 않다. 윤리는 인간의 자유에 의해 실현되어야 하는 이치이기 때문에 모든 사람에게서 똑 같이 나타날 수는 없다. 즉, 윤리는 사람에 따라서 서로 다르게 나타날 수도 있다

(2) 법과 도덕

법은 인류 공동생활에서 사회를 유지하고 통제하는 하나의 수단이다. 인간은 태고 때부터 자기 보전과 자기 발전의 수단으로 본능적으로 한곳에 모여서 집단을 이루며 살아왔다. 이와 같이 집단이 사회화되어 있는 곳에는 반드시 법이 있다. 사람의 수가 늘어남에 따라 사람들 중에는 질서를 어지럽히고 안녕과 평화를 파괴하는 반사회적 행동을 하는 사람을 제재할 필요가 있게 된다. 또 인류의 문명이 발달함에 따라 인위적으로 질서 유지의 방법을 강구할 필요가 생기게 된다.

반사회적 행위를 막고, 사회질서의 유지방법을 강구하여 사회로 하여금 마땅히 있어야 할 모습을 지니게 하는 규범에는 종교·도덕·법 등이 있다.

법은 정치·경제·사회·종교·도덕·언어 등과 마찬가지로 인간 문화의 일부분이다. 즉, 사람이 살고 있는 환경 속에서 사람이 만들어낸 문화 중의 일부분이고, 다른 분야의 문화와 마찬가지로 역사적 산물이다.

법은 사회정의를 구현하는 수단이다. 본래 사회정의가 절대적인 것이냐 상

대적인 것이냐는 고대 그리스 시대부터 철학자와 법학자들 사이에서 논의되어 온 문제이지만, 정통적인 다수의 학자는 절대성 내지 보편성을 인정하여 왔다. 넓은 의미로 정의는 '올바르다'고 하는 덕목의 하나이고, 정신이 중용상태에 놓여 있는 것을 말한다.

02 스포츠윤리의 이해

1) 스포츠윤리의 독자성

일반윤리는 어떤 사회의 구성원들이 공유하는 도덕적 이상들의 집합이지만, 스포츠윤리는 스포츠 경기라고 하는 특수한 상황에서 요구되는 규범이나 도덕적 기준을 다룬다는 점이 다르다. 스포츠윤리와 일반윤리는 이론적 근거와 학문적 토대를 서로 공유한다는 점에서는 같지만 스포츠경기라는 특수한 상황 속에서 부딪치는 윤리문제를 해결하는 원리 또는 행동지침을 제시한다는 점에서 스포츠윤리는 독자적인 연구영역을 가지고 있다.

윤리는 Ethos(기풍, 정신, 풍조)에서, 도덕은 Mores(풍속, 습관)에서 유래된 말이다. 어원에서 알 수 있듯이 윤리와 도덕은 인간의 생활에 기풍, 정신, 풍조, 풍습, 습관 등으로 제약을 가함으로써 인간사회의 질서를 유지하는 역할을 해오고 있다.

마찬가지로 스포츠윤리는 스포츠세계에서 역사적·문화적으로 형성되어온 기풍이나 정신이고, 스포츠윤리가 구체적으로 표현된 것이 페어플레이와 스포츠맨십으로 계승되어오고 있는 것이다.

2) 스포츠윤리의 목적과 필요성

스포츠윤리를 스포츠규칙과 관련지어서 생각하여 보자. 스포츠 규칙은 크게 구성적 규칙과 규제적 규칙으로 구분한다.

구성적 규칙은 특정 스포츠 경기를 진행하는 방법(경기방법)을 규정하는 것으로 어떤 스포츠를 행하는 목적, 수단, 공간, 시간, 용구, 용품, 평가방법, 벌칙 등에 관한 사항들을 정하고 있다.

파크 골프를 예로 들면 구성적 규칙은 다음과 같다.
- **목적** : 상대(팀)보다 더 적은 타수로 득점을 올린다.
- **수단** : 경기장 내에서는 골프채를 제외하고는 손을 사용하지 않는다.
- **공간** : 특정구역
- **시간** : 시간에 관계없이 9홀 또는 18홀을 활용한다.
- **용구·용품** : 정해진 공과 정해진 파크골프채를 사용한다.
- **평가** : 득점은 기존 타수보다 적게 한 사람(팀)이 승리한다.
- **벌칙** : 상대의 볼을 건드리면 벌타를 준다.

한편 규제적 규칙은 참가자격을 정해놓은 것이다. 예를 들면 올림픽헌장의 아마추어 규정(1974년에 폐지), 도핑금지 규정(1968년에 제정), 여성 확인

검사 등이다. 이러한 규제적 규칙은 스포츠 세계에 도핑이 만연되지 않게 하려고, 또는 남녀별 경기질서가 잘 준수되게 하려고 제정한 것이다.

3) 윤리의 이론

(1) 목적론적 윤리

인간이 추구하거나 추구해야 할 어떤 궁극적인 목적이 있음을 전제로 하는 윤리이다. 궁극적인 목적은 넓은 의미로는 행복이고 좁은 의미로는 쾌락이다. 최선의 결과를 가져오는 행위가 선하고 옳은 행위이다. 즉, 인간 행위의 옳고 그름을 행위의 결과나 목적 달성 여부로 판단하려는 것이다.

감각적 경험에 대한 신뢰를 바탕으로 하고, 목적의 성취와 일의 효용성을 강조한다.

(2) 의무론적 윤리

의무론적 윤리를 간단명료하게 설명하면 다음과 같다.

인간행위의 옳고 그름을 행위의 결과와 상관없이 행위 그 자체의 옳고 그름 및 행위자의 의도와 동기로 판단하려고 한다.

행위에 대한 도덕적 책무나 의무를 중시한다. 자율적인 도덕법칙에 따른 것은 옳은 행위이고, 자율적인 도덕법칙에 어긋나는 행위는 그른 행위이다.

행위의 의도와 동기를 기준으로 옳고 그름을 판단한다. 합리적 이성에 대한 신뢰를 바탕으로 의로운 삶을 중시하고, 공정한 절차와 정당한 원칙을 강조한다.

이성의 보편타당성을 추구한다. → 이성을 중시하는 관점이다.

(3) 덕론적 윤리

반면에 덕론적 윤리는 다음과 같은 한계점이 있다.

- **상대주의의 위험성**……덕은 특정 사회의 전통이나 문화와 밀접한 관련이 있으므로 보편성을 확보하기 어렵다.
- **판단의 불확정성**……도덕적 판단의 유연성이 때로는 판단의 불확정성을 동반할 수 있다.
- **주관적 요소**……행위자 중심의 도덕적 판단의 경우 근대사회가 요구하는 보편성의 확보가 어렵기 때문에 주관적으로 흐를 수 있다.
- **우연적 요소**……덕을 갖추는 일은 나의 의지와 노력뿐만 아니라 적절한 주변 환경이 마련되어야 가능하다. 그러므로 도덕적 선을 운에 맡기게 되는 우연성이 있다.

03 스포츠맨십

스포츠맨십이라는 단어는 선수, 코치, 관객, 대중매체 등 여러 분야 사람들이 우리말처럼 자주 사용하고 있다. 스포츠맨십이라는 단어가 무엇을 나타내는지 그 의미를 잘 설명할 수 없는 사람들도 스포츠맨십을 지키고 있다고 생각되는 행동은 칭찬을 하고, 스포츠맨십에 어긋난다고 생각되는 행동은 비난을 한다. 즉, 스포츠맨십은 경기자의 행동의 선악을 판정하는 규준으로 사용되고 있다.

1) 승리 추구와 탁월성 추구

승리 추구라는 대원칙을 여러 가지 방법으로 부정하는 사람들도 있다. 그러나 그들도 "승리를 추구해서는 안 된다."라고는 말하지 않는다. 승리추구는 당연한 일이기 때문이다. 그러므로 그들이 주장하는 것은 "선수가 승리를 추구하는 것은 어쩔 수 없는 일이고, 승리만을 추구하는 것은 아니다."는 뜻이다.

"그렇다면 무엇을 추구하라는 말인가?" 그러한 질문에 대한 답은 여러 가지 있을 수 있다. 어떤 사람이 "고귀하고 명예로운 방법으로 승리를 추구해야 한다."고 대답하였다고 하면 "고귀하고 명예로운 방법이 무엇인가?"라고 다시 물을 수밖에 없고, 그에 대한 대답을 "상대의 아픔에 동정을 하는 것"이라고 한다면 다시 "상대를 때리고, 차고, 넘어뜨리는 격투기는 어떻게 하라는 말인가?" 격투기도 분명히 스포츠이기 때문에 더 이상 질문할 가치가 없어진다. 어떤 사람은 "신체적 탁월성이 선수가 지향하는 목적이고, 승리라는 것은 탁월성을 추구하는 과정에 획득되기도 하고 잃기도 하는 것일 뿐이다. 그러므로 승리추구를 제일로 치는 것은 본말이 전도된 것이다."라고 대답할 수도 있다. 위와 같은 논리를 '탁월성 이론'이라고 한다.

우리가 단순히 탁월성이라고 하지만 경기가 지향하는 가장 기본적인 탁월성을 무엇으로 보느냐에 따라서 선수의 어떤 행동이 탁월성을 추구하는 행동이고, 어떤 행동이 탁월성 추구와 관계없는 행동이라는 판단도 달라질 수밖에 없다.

극단적으로 말하면 야구 투수는 아무리 안타를 많이 맞아도, 아무리 사사구를 많이 던져서 출루를 많이 시켜도 상대 팀이 점수만 못나게 하면 좋은 투수가 된다. 거꾸로 말하면 아무리 타격기술이 좋아도, 아무리 출루를 많이 해도 주루 플레이에 대한 기본적인 지식과 능력이 없으면 홈까지 들어올 수 없다.

04 페어플레이

지금까지는 승리추구가 경기자의 최고원리라는 것에 대하여 논의하였다. 그러나 거기에는 경기규칙을 준수한다는 전제하에 그런 것이지, 경기규칙을 지키지 않으면서 승리추구를 하면 경기 자체가 성립되기 어렵다.

그러나 실제로는 승리하기 위해서 경기규칙을 지키지 않는 일이 종종 일어난다. 즉, 승리추구와 규칙준수라는 두 가지 대원칙이 서로 충돌하는 것이다.

1) 구성적 규칙과 파생적 규칙

유도나 씨름경기를 할 때 주먹으로 상대를 가격한다면 유도나 씨름경기가 되지 않듯이 어떤 규칙을 위반하면 경기 자체가 성립되지 않는 규칙이 경기 종목마다 몇 개씩 있는데, 그러한 경기규칙을 구성적 규칙이라고 한다.

구성적 경기규칙을 위반한 사람은 일반적인 방법으로 경기에서 진 것이 아니라 경기하는 것 자체에 실패한 것이기 때문에 궁극적 패자(ultimate loser)라고 부른다. 궁극적 패자는 경기가 이루어지지 않기 때문에 절대로 경기에서 이길 수가 없고, 경기를 한다는 것과 구성적 규칙을 지킨다는 것은 불가분의 관계에 있다. 거꾸로 말하면 구성적 규칙을 지키지 않는다는 것은 경기 자체를 파괴하는 행동이다.

경기규칙을 준수하는 것이 경기자의 절대적인 의무라고 보는 것을 규칙절대주의라고 한다. 규칙절대주의의 입장에서는 규칙을 어기는 것과 경기를 하는 것은 이론적으로 양립될 수가 없다. 그러므로 승리추구의 원리는 반드시 경기규칙의 준수에 의해서 보완되지 않으면 안 된다

2) 스포츠의 내재적 목적과 외재적목적

스포츠에는 여러 가지 목적들이 있을 수 있다. 예를 들어 프로선수에게는 수입을 올리는 것이 목적이고, 스포츠팬에게는 기분전환을 하는 것이 목적이다. 단순히 어떤 쪽이 강한지 알고 싶어서 경기에 참여하거나 관전하는 사람도 있을 수 있다.

수입을 올린다든지 기분전환을 한다든지 하는 것은 스포츠가 아니더라도 할 수 있다. 즉, 수입을 올리는 것이나 기분전환을 하는 것과 스포츠는 외재

적 관계이다. 다시 말해서 수입을 올리거나 기분전환이라는 외재적 목적을 달성하기 위해서 승부조작과 같은 행위를 할 수도 있다.

3) 스포츠경기의 목적과 경기자의 목적

어떤 윤리학자는 강함과 약함이 결정되는 것을 스포츠에토스(sports ethos)라고 한다. 즉, 스포츠의 내재적 목적을 스포츠에토스라고 한다. 그러나 스포츠에토스는 스포츠(경기)의 목적이지 경기자의 목적은 아니다. 그것을 분명하게 해두지 아니하면 다음과 같은 모순이 생겼을 때 곤란하다.

스포츠에는 절정체험 또는 플로체험이라는 것이 있다. 아무런 노력도 하지 않고 누가 강제로 시키지도 않았는데도 모든 것이 이루어질 수밖에 없는 것처럼 자동으로 이루어지고, 자신이 세상과 일체화 되는 특별하고도 희귀한 체험으로 신비체험과 비슷한 체험이다.

절정체험은 두 가지 의미에서 모순이 있다.

절정체험은 경기자의 에토스(목적)이지, 경기(스포츠)의 에토스(목적)는 아니다. 왜냐하면 우연히 얻을 수 있는 절정체험을 위해서 스포츠가 행해지고 있지는 않기 때문이다.

절정체험은 경기자의 외재적 목적일 수는 있지만, 내재적 목적일 수는 없다. 왜냐하면 경기에 참가하지 않고 혼자 운동하고 있는 사람 또는 시합에 출전은 하지 않고 수행능력의 향상만을 위해서 운동하는 사람도 절정체험을 할 수 있기 때문이다.

4) 페어플레이의 의미

페어플레이는 대부분의 근대 스포츠가 만들어진 18~19세기의 영국 귀족사회에서 스포츠 경기를 할 때 강조했던 스포츠 정신과 관련이 깊다. 그들은 경기 결과보다 경기하는 과정을 더 중요하게 생각하였고, 귀족다운 삶의 여유와 신사다운 격식과 봉사를 미덕으로 여겼으며 참가자들이 모두 동등한 조건에 있다는 것을 전제로 하였다.

산업혁명의 결과로 새롭게 부상하게 된 신흥 부자들이 스포츠를 즐기게 되고, 나중에는 노동시간의 단축으로 일반시민들도 시간적인 여유가 생기고, 대량생산과 대량소비와 같은 산업의 발달로 경제적인 여유까지 생기게 되어서 일반시민들도 스포츠를 즐기게 되었다.

5) 의도적인 반칙

어떤 스포츠이든 경기방법을 정해놓은 경기규칙이 있고, 경기규칙이 책으로 나와 있으므로 경기규칙집을 읽고 이해할 수밖에 없다. 그러나 경기규칙이 자주 바뀌고 제때에 등재가 되지 않기 때문에 경기규칙의 변경이나 개정을 잘 모르고 경기에 임하는 경우도 생긴다. 어쨌든 스포츠를 처음으로 시작하려면 참가자들이 규칙을 합의한 다음 완전히 이해하는 것이 전제조건이다.

일반적으로 스포츠규칙에는 경기를 진행하는 방법을 정한 경기규정과 참가할 수 있는 조건을 적어놓은 참가규정이 있다. 그 두 가지 규칙이 지켜져야 스포츠로 존재할 수 있다.

경기규정에는 경기하면서 사용해도 되는 가능행위와 사용해서는 안 되는 금지행위가 정해져 있다. 가능행위 범위 안에서 경기기능이나 전술이 생겨난다. 금지행위는 하지 말아야 하는 행위라는 것을 알면서도 행하는 것이 '의도적인 반칙'이다.

의도적인 반칙을 다음과 같이 2가지로 구분할 수 있다. 반칙을 함으로써 기대되는 어떤 것을 얻고자 계획적이면서도 의도적으로 반칙을 하는 경우 농구의 반칙작전처럼 작전의 하나로 의도적 반칙을 하는 경우 경기스포츠의 게임 도중에 의도적인 반칙을 흔히 볼 수 있기 때문에 별로 문제 삼지 않는 경우가 많지만 스포츠윤리에서는 중요한 논제가 된다. 예를 들어 축구에서 수비할 때 하는 의도적인 반칙은 경기에 꼭 필요한 것이라고 말하는 선수도 있고, 경기만은 깨끗하게 해야 한다면서 의도적으로 반칙을 해서는 안 된다는 선수도 있다.

의도적인 반칙에 대한 사람들의 견해는 다음과 같다.

- 스포츠규칙이라는 것이 무엇인지 이해가 부족하기 때문에 의도적인 반칙을 하는 것이다.
- 규칙위반은 스포츠 자체를 붕괴시키는 행위이므로 절대로 해서는 안 된다. 규칙위반도 경기의 일부이다.
- 규칙을 위반한 대가를 치렀으므로(벌칙을 받았으므로) 도덕적으로 아무런 문제도 없다.

6) 승부조작의 윤리적 문제와 해결방안

승부조작(match fixing)은 스포츠에서 경기가 시작되기 전부터 경기 결과나 과정을 미리 결정한 뒤 이를 시행해서 경기를 조작하는 것을 뜻한다. 승부조작은 스포츠에 대한 신뢰와 권위를 크게 훼손시키며, 때로는 구단의 규모 축소나 해체로 이어지기도 한다.

승부조작에는 도박과 베팅이 연루되어 있는 경우가 많지만, 국가적인 규모의 승부조작의 경우 도박과 상관없이 자국의 대표 팀을 다음 라운드에 진출시키기 위해 상대팀과 짜고 승부를 조작하기도 한다.

승부조작은 경쟁적 스포츠의 가치를 근본적으로 훼손시키는 행위이고, 윤리적으로나 도덕적으로 비난받을 행위일 뿐 아니라 범죄행위이다. 승부조작은 처벌을 강화한다고 해서 근절될 수 있는 문제가 아니므로 스포츠 관계자(선수, 코치, 심판, 경기단체 임원)들에게 스포츠윤리 교육을 철저히, 그리고 지속적으로 하는 것이 가장 바람직한 방법이다

05 스포츠와 폭력

스포츠 폭력은 운동선수·감독·심판·단체임원·흥행주 등과 같은 스포츠 관계자, 관중 등과 같은 일반인이 운동경기 또는 훈련과정 중에 스포츠와 관련하여 고의나 과실로 신체적·언어적·성적 폭력행위를 저지른 경우를 말한다.

1) 스포츠의 공격성

사람이나 동물을 정복하거나 경쟁에서 이기기 위하여 언어 또는 행동으로 표현되는 분노를 '공격성'이라 하는데, 이것은 경쟁에서 승리하는 것을 목적으로 하는 스포츠에는 본질적으로 공격성이 내재되어 있다고 할 수 있다.

스포츠에 공격성이 내재되어 있다고 해서 나쁜 것만은 아니다. 인간의 근원적인 본능의 하나인 공격본능을 자연스럽게 표출할 수 있다든지, 인간 사회에서 갈등의 원인이 될 수 있는 부정적인 에너지를 스포츠활동을 통해서 해소시킬 수 있다는 것 등은 스포츠의 공격성이 긍정적으로 작용하는 측면이다. 그러나 스포츠활동을 통해서 공격성이 더 강화될 수도 있다는 것은 부정적인 측면이다.

스포츠에서 공격성이 나타나는 원인을 다음과 같이 설명하기도 한다.
- 자신의 한계를 넘어서고자 하는 도전정신에서 비롯되었다.
- 자신의 탁월성을 드러내고자 하는 시도에서 비롯되었다.
- 인간의 원초적인 욕망과 살아온 환경으로부터 습득된 것이다.

2) 선수폭력

대한체육회에서는 선수 폭력행위를 다음과 같이 규정하고 있다.
- 선수를 대상으로 구타하거나 상처가 나게 하는 것.
- 어느 장소에 가두어두는 것.

- 겁을 먹게 하는 것.
- 강요하는 것.
- 물건이나 돈을 빼앗는 것.
- 사실이 아닌 일로 인격이나 마음에 상처를 주는 것.
- 남들 앞에서 창피를 주는 것.
- 계속해서 반복하여 따돌리는 것.

(1) 선수들 간의 폭력

선수들 간의 폭력을 개인적 폭력과 도구적 폭력으로 나눌 수 있다. 개인적 폭력은 경기 중에 발생한 것이더라도 과격한 폭력행위로 발전할 가능성이 크므로 당연히 스포츠에서 용납되지 않는다. 그러나 팀의 승리를 위해서 하는 도구적 폭력일 경우 '반칙도 스포츠의 일부'로 볼 것인가? 아니면 비신사적인 행동이므로 근절시켜야 할 것인가?

생각하는 관점에 따라서 합법과 비합법이 바뀔 것이므로 여기에서는 생각의 방향을 바꾸어보자. 왜 합법과 비합법이라는 2분법적으로 생각하는가? 선수 간에 서로 존중하고, 상대는 나의 적이 아니라 나와 함께 운동을 하는 친구라고 하는 기본적인 스포츠맨십을 생각한다면 도구적 폭력이 허용되는 범위를 스스로 정할 수 있지 않은가?

(2) 선수나 지도자의 심판폭력

선수나 지도자가 심판에게 폭력을 행사하는 것은 심판의 판정에 불만을 품

었기 때문에 발생한다. 심판은 공정하게 심판을 보아야 할 의무가 있다. 대부분의 경우 공정하게 심판을 보지만, 경우에 따라서 오심이 나올 수도 있다. 오심을 예방하기 위해서 노력해야 하지만 심판은 오심을 인정할 수 있는 용기가 있어야 하고, 선수나 지도자는 분노를 절제할 수 있는 능력을 길러야 한다.

비디오판독을 도입하는 종목들이 점차 증가하는 추세이므로 오심이 줄어들 것을 기대하지만 무엇보다도 중요한 것은 공정한 판단과 부드러운 이해심이다. 심판에 대한 폭력행사는 대부분 무거운 처벌을 한다. 관계자들이 한발씩 양보하면 좋은 결과를 얻을 수 있고, 설사 오심이나 편파적인 판정이라고 하더라도 관중들이 다 지켜보고 있다는 것을 잊지 말아야 한다.

(3) 일상생활에서의 선수폭력

일상생활에서 일어나는 선수폭력은 선배 선수가 후배 선수에게 가하는 폭력, 지도자가 선수에게 가하는 폭력, 성폭력 등이 대부분이다.

선배 선수가 후배 선수에게 가하는 폭력은 '팀의 전통'이라는 미명 아래에서 당연시되거나 합법적인 행동으로 오해하는 경우가 많고, 심지어는 세습이 되는 경우도 있다. 어떤 이유를 붙이더라도 폭력이 정당화될 수는 없으므로 선배는 후배를 사랑하고, 후배는 선배를 존경하는 마음으로 폭력행위를 근절해야 한다.

지도자가 선수에게 폭력을 행사하는 가장 큰 원인은 팀의 성적에 따라서 지도자의 거취가 결정되는 데에 있다. 지도자는 선수를 폭력적으로 독려해서라도 팀의 성적을 높이려 하고, 선수들은 지도자의 그런 지도방법을 별 수 없는 일로 받아들이거나 오히려 선수를 위하는 지도방법으로 받아들이는 데에 문제가 있다. 그러므로 학교에서는 지도자의 신분을 제도적으로 보장할 수 있는 방안을 마련해야 하고, 지도자는 승리 지상주의에서 탈피하여 선수들을 전인적으로 지도해야 한다.

마지막으로 성폭력은 성희롱·성추행·성폭행 등을 모두 포괄하는 개념으로 '성을 매개로 상대방의 의사에 반해 이뤄지는 모든 가해행위'를 뜻한다. 성희롱은 성적 언어나 행동 등으로 성적 굴욕감을 느끼게 하는 행위이고, 성추행은 강제추행을 뜻하며, 성폭행은 강간과 강간 미수를 의미한다.

스포츠에서 성폭력이 발생하는 가장 큰 원인은 이성인 지도자와 선수 또는 이성인 선수와 선수 간에 신체적인 접촉이 비교적 많고, 같이 지내는 시간이 길며, 불평등한 관계이기 때문에 자신의 의사를 잘 표현하지 못하는 것이다.

스포츠에서 성폭력이 발생하지 않도록 세심한 주의와 배려가 필요하고, 성폭력을 당한 경우 혼자 고민하지 말고 빨리 주변에 알린 다음 치료를 받아야 한다.

3) 관중폭력

현대사회와 스포츠는 불가분의 관계이다. 그만큼 우리생활의 여러 분야에 스포츠가 깊숙하게 자리 잡고 있으면서 영향을 미치고 있다. 스포츠경기를 관람하려고 모인 팬들이 무리를 지어 다니며 상대편 선수나 팬들을 언어적 또는 물리적으로 공격하는 것을 '관중폭력'이라 하고, 경기장 근처의 기물을 파괴하는 등 심각한 사회문제를 일으키는 경우도 있다.

관중 폭력이 발생하는 원인은 다음과 같다.

- 한 개인이 군중의 일원이 되었을 때 군중의 지배적인 분위기와 익명성을 빌미로 공격적이고 파괴적인 행동을 하기 쉽게 된다. 그것을 패거리 짓기 성향이라고 하는 학자도 있다.
- 군중 속에서는 개별성과 책임성이 없어지기 때문이다. 선수들의 폭력이 관중들의 동조의식을 불러일으켜 관중들의 난동으로 발전하는 경우도 많다.
- 선수 간에 또는 반대편을 응원하는 관중 간에 신체접촉이 일어나기 쉬운 환경에서 관중폭력이 자주 발생한다. 자기가 응원하는 팀이 무조건적으로 이기기를 바라기 때문에 생긴다

위의 원인 외에도 여러 가지 원인 때문에 관중 폭력이 발생하지만, 그러한 관중폭력을 예방하기 위해서는 다음과 같은 노력들이 필요하다.

관중도 스포츠 참가자의 일부이기 때문에 스포츠맨십을 준수할 의무가 있다는 것을 알아야 한다. 스포츠 팀들은 자기 팀을 응원하는 관중들에게 건전한 응원 문화를 정착시켜야 할 의무가 있다. 관중 폭력이 발생하지 않도록 제도를 개선할 필요가 있다

06 스포츠와 인권

1) 학생선수의 인권

우리나라의 학교운동부는 일제 강점기 때에는 기독교계통의 사립학교를 중심으로 "민족의 정기를 기르고 일제에 항거하는 수단으로" 있었고, 박정희 정권 때에는 "우리나라를 해외에 알릴 수 있는 가장 효과적인 방법은 학생들을 어려서부터 체계적으로 운동을 시켜서 국제경기에서 매달을 따는 방법뿐"이라는 판단 아래에 각급 학교에 운동부 설립을 장려한 결과로 생긴 것이다.

자연히 학교운동부는 승리 지상주의와 결과주의를 지향할 수밖에 없었다. 승리하기 위해서는 강도 높은 훈련이 필요했고, 지도자의 강압적이면서 폭력적인 지도를 당연한 것으로 받아들이게 되었다.

학생선수들은 승리라고 하는 공동의 목적을 달성하기 위해서는 개인의 사사로운 것은 양보해야 한다는 논리에 짓눌려서 '인권'의 '인'자도 꺼내지 못하였다.

정부에서는 학생선수들을 구제한다는 미명 아래 '체육특기생제도'와 '동일계진학제도'라는 미봉책을 만들었고, 그러한 제도 덕분에 지도자가 학생선수들의 생사여탈권을 가진 '제왕적 지도자'로 군림할 수 있게 되었다. 그에 따라서 지도자의 폭력과 성폭력, 입시비리, 승부조작, 선후배 간의 폭력과 성폭력

등이 빈발하게 되었고, 결과적으로 학교운동부는 인권의 사각지대로 전락해 버렸다.

다음은 학교운동부에서 야기되는 학생선수의 인권문제들을 정리한 것이다.
- 학생선수들은 선배와 지도자의 폭력과 성폭력에 쉽게 노출되어 있다.
- 팀의 승리를 위한 도구로 사용되고 있다.
- 운동에만 전념하도록 강요받고 있다(학습권 상실).
- 부상을 당하더라도 고통을 무릅쓰고 운동을 지속해야 한다.
- 운동과정에서 주체성을 잃고 자율성을 억압당하고 있다.
- 상급학교, 실업팀, 프로팀 등에 판매하기 위한 상품으로 이용되고 있다.

2) 학생 선수의 생활권과 학습권

우리나라의 학교운동부 선수들은 대부분이 기숙사 또는 합숙소에서 침식을 하면서 운동을 한다. 심한 경우에는 초등학교에서 대학 졸업할 때까지 합숙소 생활만 한 선수도 있다.

합숙소에서 생활하는 선수들은 대부분이 한 달에 1~2회의 외출만 허용되고, 나머지는 강제로 합숙소에서 생활해야 한다. 그러면 자율적인 생활을 하지 못하기 때문에 생활권 문제가 생기고, 성폭력에 노출될 가능성이 커진다.

우리나라는 엘리트선수를 육성할 목적으로 학교운동부를 두었기 때문에 초등학교에서부터 대학교까지 선수들을 집중적으로 훈련시켜왔다. 자연히 학생선수들은 거의(전혀) 공부하지 않고 운동만 할 수밖에 없었기 때문에 학습권문제가 발생하게 되었다.

학생선수의 학습권이 보장되어야 하는 이유는 다음과 같다.

- 운동만 하고 일반 과목의 공부를 하지 않으면 또래들이 갖추어야 할 교양 또는 상식이 부족하게 된다. 예를 들어 고등학생이 자기 집 주소도 한자로 못쓰고, 숫자의 곱하기 나누기도 제대로 못할 수도 있다. 다시 말해서 운동 이외에는 아무 것도 못하는 학생으로 전락할 가능성이 크다.
- 학생선수가 운동으로 성공할 수 있는 확률은 고등고시에 합격하는 것보다 더 낮다. 다시 말해서 학생선수는 언제인가는 운동선수가 아닌 다른 직업을 가진 사람으로 살아야 한다. 그런데도 학교에 다니는 동안 운동 이외에는 아무것도 배운 것이 없다면 직업을 선택하기 어려워진다.
- 학교운동부에서 운동을 하는 것은 거의 다 지도자의 지시에 따라서 움직이는 것이다. 그렇게 지시대로만 하면서 자라면 자신의 의견이나 생각은 없고, 위 사람이 하라는 대로 무조건 하는 소극적이고 맹목적인 추종자가 되기 십상이다. 맹목적인 추종자는 이 세상에 도움이 되기보다는 해악을 끼칠 가능성이 크다.

(1) 최저학력제도

학생선수의 성적이 같은 학교, 같은 학년, 전체평균의 일정 수준에 도달하지 못하면 저학력 학생으로 간주하여 학교장이 출전을 정지시키고, 특별 학습을 시킴으로써 최소한의 학력에 도달하게 만드는 것을 목적으로 도입된 제도이다.

최저학력 제도를 시행하는 대상 과목은 초등학교와 중학교는 국어, 영어, 수학, 과학, 사회 5과목이고, 고등학교는 국어, 영어, 수학 3과목이다. 최저학력 도달 수준은 초등학교는 50%, 중학교는 40%, 고등학교는 30%이다.

최저학력제도를 시행하는 의의는 다음과 같다.

- 운동만 하는 학생선수에서 공부도 하는 학생으로 변화시키자는 것이다.
- 학생선수들에게 다양한 진로를 선택할 수 있는 기회를 제공하기 위한 것이다.
- 중도탈락이나 은퇴 후에 사회에 적응하는 데에 필요한 기초적인 교양을 갖추게 하려는 것이다.

현행 최저학력제도의 문제점은 다음과 같다.

- 최저학력 도달 수준이 지나치게 낮게 책정되었다.
- 학생선수들은 공부를 해야 한다는 것을 인정하면서도 공부를 두려워한다.
- 지도자들은 훈련부족으로 경기성적이 나오지 않을 것을 걱정하여 최저학력제도 시행에 소극적이다.
- 학부모들은 자신의 아이가 운동선수로 성공하는 것을 방해하는 나쁜 제도로 인식하고 있다.

(2) 주말리그제

학생선수들이 평소에 운동만 하지 말고 공부도 하면서 운동도 하자는 것이 최소학력제도라면, 시합을 하려고 먼 곳까지 가서 며칠씩 있다가 오지 말고 가까운 지역에 있는 학교 운동부들이 주말에 모여서 리그 경기를 꾸준히 하면 경기 경험도 늘이고 학생선수들의 기량도 향상시킬 수 있다는 것이 주말리그제도를 도입한 취지이다.

2) 스포츠지도자 윤리

(1) 지도자에 의한 폭력이 가능한 이유

스포츠지도자 특히 학교운동부의 감독이 선수들에게 폭력을 휘두를 수 있는 이유는 한마디로 지도자가 무소불위의 권력을 가지고 있기 때문이지만, 구체적으로 나열한다면 다음과 같다.

- 팀과 관련된 모든 것을 결정할 수 있는 결정권자이다.
- 팀의 전략과 전술을 지휘하는 최고의 위치에 있다.
- 선수들의 진로와 연봉에 영향력을 미칠 수 있다.
- 감사나 통제를 받지 않는다.
- 경기 출전권을 가지고 있다.

위와 같은 이유 때문에 지도자가 폭력을 휘두를 수 있는데, 그것을 방지할 수 있는 방법은 다음과 같다.

■ 지도자의 인식을 바꾸는 것이다. 지도자는 선수들을 관리하고 통제하는

사람이 아니라 선수들에게 전문적인 지식과 기술을 전수하고, 선수 개개인이 개성과 창의성을 발휘할 수 있도록 돕는 사람이라는 인식을 가져야 한다.

- 학교 운동부 감독의 권한과 권위를 견제할 수 있는 장치를 마련하는 것이다. 체육위원회 같은 기관을 두고, 거기에서 출전·선수선발과 진학 등을 다루도록 해서 운동부 감독의 권한을 분산시킨다.

3) 심판의 윤리

(1) 심판의 도덕적 조건

국제체조연맹(FIG) 심판선서문에는 "우리들은 심판으로서 자기의 명예를 걸고 스포츠의 공정한 정신과 스포츠의 존엄만을 염두에 두고, 인물이나 소속을 고려하지 않고, 실시되는 연기 자체에 대하여 양심적으로 채점할 것을 선서합니다."라고 명문화되어 있다.

심판의 가장 근본적이고 중요한 과제는 '결과에 책임을 지는 것'이다. 심판이 부정을 저지른다고 하면 선서한 것도 심판의 임무나 과제도, 나아가서는 심판의 존재 자체가 의심받을 수밖에 없게 된다. 본래 심판이라는 것은 누구에게나 절대적으로 신뢰받는 존재이어야만 하기 때문에 그 판정 및 평가가 항상 객관적이고 공정해야만 한다.

심판이 자신의 과제를 완수하기 위해서는 규칙에 뒷받침된 판단을 즉시 하는 능력과 도덕성이 기본적으로 있어야 한다. 규칙에 뒷받침된 판단을 즉시

하는 능력은 선수가 경기 중에 기능을 최대한으로 발휘하는 것과 동일한 의미이고, 도덕성은 심판의 기본적인 자질로서 필요한 것이다.

(2) 심판의 사회적 역할과 과제

경기규칙에 따라 정당하게 경기가 진행될 수 있도록 규칙의 이행을 감시하고, 경기의 흐름을 조율하는 것이 심판의 임무이다. 그러므로 심판은 경기장의 최고 사령관이자 집행관이고, 선수들은 심판의 판정에 승복하고 그의 지시에 따라서 경기를 진행해야 한다.

그러나 심판이 능력부족이나 실수로 오심을 하거나 의도적으로 편파적인 판정을 하면 경기가 진행되지 못하거나 엉망이 되어버린다. 그런 경우에는 심판이 반드시 책임을 져야 한다. 즉, 경기를 진두지휘하는 권한이 있는 대신에 자신이 판정한 결과에 대한 책임을 져야 하는 것이다.

Part 11

파크골프와 스포츠교육학

스포츠교육학의 의미

1) 스포츠교육학의 정의

　조선시대에 서당·향교·성균관 등에서 가르쳐오던 한문과 유교경전으로서는 서양에서 들어오는 새로운 문물을 받아들이는 데에 어려움이 많다는 것을 절감하고, 고종황제가 새로운 교육개혁 정책의 기본이념을 발표한 것이 교육입국조서이다.

　교육입국조서에서 고종황제는 전통적인 윤리의식을 기반으로 하는 덕양(德養), 신체의 건강한 발달을 내용으로 하는 체양(體養), 과학지식과 공공

의식을 함양하는 지양(智養)을 천명하였다. 체양에서 體育이라는 말이 시작되었고, 체육이 신체를 가르친다는 교육적인 의미도 있지만 신체의 움직임이나 건강과 관련이 있는 것들을 모두 합해서 체육이라고 하였다.

서양에서도 르네상스 이후에 어린이들을 교육하는 데에 신체의 움직임을 가르치는 것이 아주 중요하다는 것을 인식하고 phycical education이라는 말을 사용하였다. 그 후에 sports 또는 sport라는 말이 사용되기 시작하였지만, 서양이나 우리나라 모두 스포츠보다는 체육이라는 단어가 먼저 사용되어왔으며, 체육이 스포츠까지도 아우르는 단어로 사용되고 있다는 것도 사실이다.

어쨌든 스포츠교육이 좁은 의미로는 스포츠를 가르치는 것이지만 넓은 의미로는 학교에서 가르치는 학교체육, 일반인들이 취미 또는 건강을 위해서 하는 생활체육, 전문적인 운동선수들이 하는 전문체육을 모두 아우르는 것이다.

2) 스포츠교육의 목적

체육교육이라고 할 때에는 신체의 교육과 신체를 통한 교육으로 구분해서 설명하였지만, 스포츠교육의 목적은 아무래도 신체의 교육, 스포츠의 교육, 스포츠를 통한 교육으로 구분해야 할 것 같다.

(1) 신체의 교육

어린이의 발육·발달을 도와서 신체가 건강하게 자라고 신체의 기능을 효율적으로 발휘할 수 있도록 하는 것을 신체의 교육이라고 한다.

그러나 어린이가 아닌 선수나 청년들의 몸을 단련하는 것도 신체의 교육이고, 비만, 당뇨, 고혈압 같은 성인병에 걸리지 않도록 신체를 잘 돌보는 것도 신체의 교육이다. 그리고 질병을 예방하고 건강하게 노후를 보내서 삶의 질을 향상시키는 것도 당연히 신체의 교육에 해당된다.

(2) 스포츠의 교육

스포츠 자체를 가르치는 것을 빼놓을 수는 없다. 스포츠는 고도로 조직화된 경쟁적인 신체활동이라는 것이 특징이므로 조직화되어 있는 스포츠를 할 수 있는 경기방법이나 규칙도 가르쳐야 하고, 스포츠를 즐기는 데에 필요한 기본적인 경기기술이나 전략도 가르쳐야 한다.

(3) 스포츠를 통한 교육

교육철학자인 듀이(Dewey, J.)의 진보주의 교육사상의 영향을 받아서 체육교육에서도 미국을 중심으로 신체육(new physical education)이라는 교육사조가 발달하였다.

그들은 인간의 신체와 정신은 분리될 수 없는 것이므로 각종 교육활동에 의해서 얻어지는 교육적 효과도 지적·도덕적·신체적인 면이 동시에 이루어진다고 믿었다. 그러므로 체육에서도 신체의 교육에서 벗어나 유기체적 교육(organic education), 심동적 교육(psychomotor education), 정의적 교육(character education), 인지적 교육(intellectual education) 등을 동시에 추구하여야 된다고 주장하였다. 그들은 그것을 신체를 통한 교육이라고 하였다. 즉 스포츠를 배우고 즐기는 과정에서 건강관련 체력이나 스포츠기술과 같은 신체적인 면만이 아니고, 국가사회에 필요한 참된 인간을 교육하려고 하는 것이 스포츠를 통한 교육이다.

3) 스포츠교육의 가치

스포츠교육의 목적에서 제시한 신체의 교육, 스포츠의 교육, 스포츠를 통한 교육을 통해서 인간생활에 유용한 무엇인가를 얻을 수 있다는 것을 스포츠교육의 가치라고 한다.

베일리(Bailey, R.) 등(2009)가 신체적 가치, 정의적 가치, 인지적 가치로 구분하여 제시한 스포츠교육의 가치는 다음과 같다.

(1) 신체적 가치

신체활동을 통해서 근력·전신지구력·순발력·민첩성 등 체력을 발달시킬 수 있고, 신체의 순환기능·대사기능·소화기능 등 여러 가지 신체기능과 체력을 유지·발달시킬 수 있으며, 각종 스포츠활동을 통해서 움직임의 능력과 조작능력·협응능력·조절능력 등을 기를 수 있다. 즉 체력을 발달시키고, 신체적 기능을 원활하게 하며, 신체적 능력을 기르는 것이 스포츠교육의 신체적 가치이다.

그밖에 스트레스나 질병에 대항할 수 있는 능력을 갖추어서 건강하고 행복한 삶을 누릴 수 있게 해주는 것도 스포츠교육의 신체적 가치라고 할 수 있다.

(2) 정의적 가치

여러 가지 스포츠활동이나 신체활동을 통해서 인간생활의 긴장감, 스트레스, 욕구불만 등을 해소 또는 완화시키고, 공격성이나 파괴성, 경쟁성 같은 근원적 경향성을 해결함으로써 심리적으로 건강하게 살아갈 수 있게 만드는 것이 스포츠교육의 정의적 가치이다.

그밖에 스포츠라는 조직적인 활동을 통해서 다른 사람과 의사소통을 하고 상호작용을 할 수 있는 능력과 사회적 기술을 습득하고 향상시킬 수 있는 것도 스포츠교육의 정의적 가치 중의 하나이다. 경기를 하면서 성실과 정직, 협동심과 인내심과 같은 사회적·도덕적 인격을 길러 나갈 수 있는 것도 스포츠교육의 정의적 가치에 해당된다.

(3) 인지적 가치

근대의 교육학자 루소(Rousseau, J. J.)가 "건강한 신체에 건전한 정신이 깃든다."고 한 말이 스포츠교육의 인지적 가치를 가장 간단명료하게 표현한 것 같다.

인지심리학자 피아제(Piaget, J.)는 유아기에 적절한 신체활동을 통해서 감각과 지각을 발달시키는 것이 운동능력의 발달뿐만 아니라 전반적인 인지능력의 발달에 아주 중요한 역할을 한다고 강조하였다. 즉 어린이에게 스포츠교육을 하면 학업성적, 지적기능, 문제해결 능력, 수리력 등이 향상된다는 것이다.

어린이가 아닌 성인이나 노인에게도 스포츠활동이 주의력과 집중력 등 인지기능의 향상에 크게 도움이 된다는 연구결과가 많이 보고되고 있다.

1) 학교체육지도자

학교체육을 지도하는 사람에는 체육교사와 강사가 있다.

(1) 체육교사

초·중등학교 체육교사 자격증이 있는 사람 중에서, 초·중등학교 교사 임용고사에 합격한 후 초·중등학교에 발령을 받아 교사로 근무하고 있는 사람을 체육교사라고 한다.

체육교사는 체육 교육과정을 운영하는 교육 전문가이다. 즉 체육교사는 학생들의 신체와 정신이 조화롭게 발달할 수 있도록 하기 위해서 정규 체육수업을 담당하는 것이 주된 업무이다. 그밖에 체육교육과 관련있는 행정업무, 운동부 업무, 교과 업무와 담임교사로서의 업무도 수행한다.

그러므로 체육교사는 학생들에게 체육활동을 가르칠 수 있는 실기능력뿐만 아니라, 인간을 가르치는 교사로서의 자질을 갖추어야 하고, 체육과 교육에 관한 전문적인 지식과 함께 바람직한 인간상도 갖추고 있어야 한다.

(2) 스포츠강사

초·중등학교에서 정규 체육수업의 진행을 보조하거나 방과 후 스포츠클럽 활동을 지도하는 사람을 스포츠강사라고 한다.

스포츠강사는 체육교사의 업무를 보조하는 것이 주된 업무이고, 방과 후 스포츠클럽 활동을 통해서 학생들의 체력을 증진하고 학교폭력과 성폭력을 예방하는 것도 아주 중요한 업무이다.

스포츠강사는 학생들이 체육수업에 흥미를 가질 수 있도록 유도하고, 즐거운 스포츠활동 경험을 쌓을 수 있도록 기회를 제공함으로써 장차 성인이 되어서도 생활체육에 지속적으로 참여할 수 있는 안내자의 역할도 해야 한다.

마지막으로 스포츠강사는 학교의 각종 체육활동과 행사 또는 경기운영에 적극적으로 협력해야 하고, 학생들의 건강관리와 스포츠기술을 지도할 수 있는 전문적인 지식과 소양을 갖추어야 한다.

(3) 생활스포츠지도자

직장, 체육시설, 스포츠동호회, 사회단체, 지역사회 등에서 생활체육인(자발적으로 체육활동에 참여하는 일반인)을 지도하는 사람을 생활스포츠지도자라고 한다.

생활스포츠지도자는 생활스포츠지도사, 유소년스포츠지도사, 장애인스포츠지도사, 노인스포츠지도사, 건강관리사 중에서 하나 이상의 자격증을 가지고 있는 사람이어야 한다.

생활스포츠지도자는 생활스포츠 프로그램을 제공하고, 참여자의 욕구를 최대한 만족시키며, 창의적인 지도력을 갖추고 있어야 할 뿐 아니라, 해당 종목에 대한 실기능력과 함께 건강과 스포츠에 대한 전문적인 지식도 갖추고 있어야 한다.

생활스포츠지도자는 활발하고 강인한 성격을 갖추어야 참여자들로부터 친근감과 신뢰감을 받을 수 있고, 참가자의 성별, 연령, 사회계층, 교육수준 등에 관계없이 모든 참가자들을 동등하게 대우하고 지도해야 한다.

생활스포츠지도자가 담당해야 할 업무에는 생활스포츠 활동의 목표 설정, 효율적인 지도방법의 개발, 생활스포츠 프로그램의 개발, 생활스포츠에 대한 연구, 생활스포츠 기구의 운용 또는 개발, 생활스포츠 관련 재정의 관리 등이 있다.

(4) 전문스포츠지도자

학교 운동부, 실업팀, 프로스포츠 팀 등에서 선수들을 지도하는 코치나 감독을 전문스포츠지도자라고 한다. 전문스포츠지도자는 전문스포츠지도사 자격증이 있어야 하고, 선수와 팀의 기량을 최대한으로 끌어올리기 위해서 해당 종목의 전문적인 실기능력, 스포츠과학의 전문적인 지식, 전문적인 스포츠지도력 등을 반드시 갖추고 있어야 한다.

전문스포츠지도자는 각 선수의 능력을 빨리 파악하여 장점을 살려주고, 단점은 보완해줄 수 있는 능력이 있어야 한다. 또한 자신의 역량을 최대한 발휘하여 선수를 지도하려고하는 사명감과 도덕성을 갖추어야 한다.

전문스포츠지도자가 담당하는 업무에는 팀의 감독이나 코치 이외에 경기단체의 임원, 체육시설의 경영, 체육학연구 등의 업무를 담당하는 경우도 많다.

2) 스포츠지도자의 교육

(1) 체육교사의 일반적인 기능

성공적인 체육교사는 교육할 과제에 대하여 폭넓은 지식을 가지고 있으면서 자신의 역할에 대한 전략을 가지고 있어야 한다. 신임교사는 실기교육을 할 때 학생들 틈에 끼어 있는 반면에, 경험이 많은 교사는 학생들의 밖에서 교육환경과 학생들의 학업성취도를 확인한다.

다음은 경험있는 체육교사들이 수업하는 과정을 설명한 것이다.

① 안전한 교육환경을 유지한다. 노련한 체육교사는 학생들에게 안전교육을 하고 안전을 강조한다. 어떠한 경우라도 안전하지 못한 상태에서 수업이 진행되어서는 안 된다.

② 학생들에게 수업과제를 명확하게 인식시킨다. 수업을 시작하기 직전에 학생들에게 수업과제를 다시 한번 확인시켜야 한다. 그래야 교사가 의도한 방향으로 수업이 진행될 수 있다. 한 번의 시범을 보고 학생들이 잘 따를 수 있으면 좋지만 그렇지 못한 경우도 가끔 있다. 학생들이 어떻게 하여야 하는지 이해하지 못하였기 때문이다.

③ 생산적인 교육환경을 유지한다. 과제를 이해하지 못하였거나 과제에 무관심한 학생들이 발견되었을 때에는 그 원인과 학생들의 반응을 조심스럽게 살펴보아야 한다. 학생들이 과제에 무관심한 원인은 과제가

그 학생에게 적합하지 않거나 과제의 내용 구성이 적합하지 않기 때문이다. 그럴 경우에는 일정한 시간을 주면서 과제를 수행하게 하든지, 집중적인 과제를 부여하든지, 아니면 통제하기 쉬운 형태로 과제를 다시 구성해야 한다.

④ 학생들의 반응을 관찰하고 분석한다. 학생들의 반응을 관찰하는 것은 가장 기본적인 교육기술이다. 교사가 과제를 얼마 만큼이나 이해하고 있는지? 학생들의 성향은 어떠한지? 과제의 내용은 얼마나 복잡한지? 등에 따라서 관찰의 정확도가 달라진다. 관찰 대상 학생 수와 어떤 부분에 초점을 맞추어서 관찰한 것인지를 교사가 먼저 정해야 한다. 그렇지 않으면 관찰의 효과가 경감되거나 학생들의 주의를 흩어지게 만든다.

⑤ 학생들에게 반응을 보인다. 학생들에게 반응을 보인다는 것을 다르게 표현하면 학생들에게 피드백을 제공하는 것이다. 피드백의 형태에는 다음과 같은 것들이 있다.

- 평가적 피드백……학생들이 이미 행한 행위에 대한 반응. 잘했어!
- 교정적 피드백……학생들이 앞으로 행할 행위에 대한 반응. 그렇게 던지면 공이 옆으로 나가!
- 합치적 피드백……학생들에게 요구한 과제를 잘 수행하고 있을 때의 반응. 아주 정확해.
- 불합치적 피드백……학생들에게 요구한 과제를 잘못 수행하고 있을 때의 반응. 아직도 못고쳤군!
- 일반적 피드백……일반적인 평가

- 특정적 피드백……특정한 행위에 대한 평가
⑥ 개인 또는 소그룹을 위해서 과제를 변경한다. 수업 중에 설정한 과제의 수준을 변경시킴으로써 잘못하는 학생 개인이나 소그룹 과제에 몰입할 수 있게 만든다.

(2) 기능 중심 교사교육과 탐구 중심 교사교육

"학생을 가르치는 일"은 "주어진 교육목표를 성취하는 과정"이고, "학생을 잘 가르친다."는 것은 "효율적으로 가르치는 것."이라고 생각하는 것이 기능 중심 교사교육이다. 그러므로 기능중심 교사교육에서는 체육교사는 교육목표를 효과적으로 달성하기 위해서 노력하는 기능인에 불과하고, 교육목표를 설정하는 교육학자는 유능한 전문인이 된다.

1990년대에 영국의 교육학자 스텐하우스(Stenhouse, L.)가 "교사가 하는 일(학생을 가르치는 일)은 전문연구자(교육학자)에 의해서 연구되어야 하지만, 교사 자신에 의해서도 반드시 연구되어야 한다."고 주장하면서 시작된 것이 탐구 중심 교사교육이다.

탐구 중심 교사교육에서는 "교사는 자신이 하는 일을 개선하기 위해서 반드시 탐구적인 자세를 견지해야 한다." 즉 교사가 행하는 수업이 바로 연구가 되어야 한다는 것이다. 교사 자신이 행한 수업과정에 대하여 반성적 성찰을 하지 아니한다면 전문성의 향상은 기대할 수 없고, 교육학자가 책상에 앉아서 머릿속으로 생각함으로써 전문지식이 생겨나는 것이 아니라 수업을 실천하는 상황 속에서 교사 자신이 반성적으로 대화함으로써 전문지식이 얻어진다는 것이다.

03 스포츠지도를 위한 교수기법

교사 또는 스포츠지도사가 학습활동을 통해서 학습자를 지도했을 때 ① 학습자가 무엇인가를 배워서 알게 되었고, ② 학습과정을 학습자가 즐겁게 받아들였으며, ③ 그러한 학습이 지속적으로 이루어지면 성공적인 스포츠지도라고 한다.

교사나 스포츠지도사가 학생들을 성공적으로 지도하는 수업에서는 다음과 같은 특징들이 발견된다.

학습내용과 관련된 활동시간이 많다.

학습자가 과제에 참여할 수 있는 기회가 많다.

학습내용이 학습자의 발달과정에 적절하다.

따뜻하고 긍정적인 학습분위기가 유지된다.

1) 지도를 위한 준비

학생들을 지도하려면 먼저 지도계획을 작성해야 하는데, 그 지도안을 작성하려면 다음과 같은 것들을 먼저 분석해봐야 한다.

(1) 맥락 분석

- 가르치고자 하는 내용이 무엇인가?
- 학습자의 발달수준에 가르치려는 내용이 적절한가?
- 학습자들이 그 내용을 배우고 싶어 하는가?
- 가르치는 순서는?
- 가르치는 데 필요한 시간은?
- 공간과 시설은?
- 장비는?
- 도움을 받을 수 있는가?

(2) 내용 분석

가르칠 내용과 순서 및 시간을 정한 다음 그것을 차시별로 정리한다.

- 학습목표 분석……체육시간이라고 해서 운동기능만 가르치는 것이 아니다.
- 행동목표 = 성취해야할 기능 또는 행동, 지식
- 일반목표 = 인지적 목표 + 정의적 목표
- 관리구조 분석……학습관리, 안전관리, 출석관리, 용기구 관리 등

(3) 평가

- 평가의 기준은?
- 평가의 방법은?

- 평가의 절차는?
- 평가의 시기는?
- 지도자와 학습자의 역할과 임무
- 운동기능의 숙달? → 지시자의 역할
- 운동기능의 창조? → 추진자의 역할

2) 지도계획안의 작성

지도계획안을 작성해두면 시간·노력·자원을 효율적으로 이용할 수 있고, 학생들의 학습 성취도가 높아지며, 전체적인 지도과정을 손쉽게 확인할 수 있다.

지도계획안을 작성할 때에는 다음과 같은 사항들을 고려해야 한다.

정교하고 유연한 계획을 수립해야 한다.

자신이 사용할 목적으로 작성해야 한다.

학습자들이 학습과제를 계획보다 빨리 성취했을 때를 대비해서 추가 학습계획을 수립해 두어야 하고, 학습과정에 돌발적인 사태가 발생했을 때를 대비해서 대안계획을 수립해 두어야 한다.

3) 지도내용 연습 시 지도자의 행동

학생들이 지도내용을 연습하는 동안에 지도자가 취하는 행동에는 직접적인 기여행동, 간접적인 기여행동, 비기여행동, 학습자와의 상호작용 등이 있다.

(1) 직접적인 기여행동

직접적인 기여행동은 지도자가 취하는 행동이 학생들의 학습에 직접적으로 영향을 미치는 행동을 말하고, 교수행동과 운영행동으로 나눌 수 있다.

교수행동은 학습과제를 학생들에게 가르치는 행동으로 수행방법의 설명, 학생들이 연습하는 것을 관찰하기, 학생들이 연습하는 것을 도와주기, 잘못 수행하는 것을 교정해주기, 더 발전시키기 등이 있다.

운영행동은 학습환경을 조성하는 행동으로 교구 정리하기, 팀 구성하기, 학생을 통솔해서 수업에 잘 임할 수 있도록 분위기 조성하기 등이 있다.

성공적인 지도를 위해서는 수업에 직접적인 기여행동의 비율이 간접적인 기여행동이나 비기여행동보다 더 높아야 한다.

(2) 간접적인 기여행동

학생들의 학습활동과 관련은 있지만 직접적인 교수활동은 아닌 것을 간접적인 기여행동이라고 한다.

간접적인 기여행동에는 다음과 같은 것들이 있을 수 있다.

- 부상당한 학습자 돌보기
- 학습내용과 관련이 없는 내용에 대하여 학습자와 이야기하기 : 친절하지만 신속하게 끝내고 가급적이면 수업이 끝난 후에 한다.
- 용변이나 물 마시는 행동 처리하기
- 학생들의 연습경기에서 심판보기 : 동작이나 전술의 시범을 보이려고 또는 동기유발을 목적으로 심판을 보아도 되지만, 다른 학생들이 지도

사와 아무런 관계도 없이 방치된다는 것을 기억해야 한다.

(3) 비기여행동

학생들이 연습하고 있는 동안에 학부형과 이야기한다든지 잠깐 다른 일을 보는 것처럼 수업에 전혀 도움이 되지 않는 행동을 하는 것이다. 비기여행동은 가능한 한 안 하려고 노력해야 한다.

(4) 학습자와의 상호작용

교사와 학생이 서로 의사소통을 하는 것을 학습자와의 상호작용이라고 한다. 간접적인 기여활동에서의 상호작용은 수업내용과 관련이 없는 것이고, 여기에서의 상호작용은 수업내용과 관련이 있는 것이다.

교사와 학생 간의 의사소통은 교사의 의견을 학생에게 전달하는 의사전달과 학생의 의견을 교사가 받아들이는 의사수용으로 나눌 수 있다.

의사전달을 효과적으로 하려면 다음과 같은 전략이 있어야 한다.

- 말하는 사람의 주체를 분명하게 해야 한다.
- 판단하지 말고 설명해야 한다.
- 학생의 입장을 이해하여야 한다.
- 다른 사람의 감정을 민감하게 받아들여야 한다.
- 언어적 단서와 비언어적 단서에 모두 유의해야 한다.

3) 효과적인 관리운영

스포츠지도 행동은 크게 지도행동과 관리행동으로 나눌 수 있다. 지도행동은 준비운동, 과제의 제시와 연습, 피드백 제공, 평가 등과 같이 수업지도와 직접적으로 관련이 있는 행동이다.

그에 반해서 관리행동은 집합시키기, 출석 확인, 줄 세우기, 학습 참관학생의 처리, 상규적 활동의 처리 등과 같이 수업내용과는 관련이 없지만 수업을 하려면 반드시 일어나는(필요한) 행동이다. 그러므로 관리행동을 신속하고 정확하게 처리하면 할수록 지도행동에 할애할 수 있는 시간이 늘어난다.

효과적인 지도를 위해서는 다음과 같은 관리전략이 필요하다.

- 상규적 활동관리……수업시작, 출석점검, 화장실에 가거나 물 마시러 가기와 같이 수업시간에 반복적으로 일어나는 일상적인 활동을 말한다. 상규적 활동이 일어날 때마다 매번 가르칠 필요는 없고 루틴으로 만들어주면 좋다.
- 예방적 수업 운영……직접적으로 학습지도를 하지는 않지만 수업 자체를 관리하는 것이다. 효율적으로 수업을 운영하려면 수업시간의 엄수, 출석점검 시간의 절약, 주의집중 신호의 반복적인 연습, 격려와 주의 환기 등에 관련된 기술을 구사해야 한다.
- 수업흐름의 관리……교사나 지도자가 지나치게 간섭하여서 학습자들의 학습활동을 중단시키는 일이 없어야 한다.
- 학습자 관리……학습자들이 수업에 방해가 되거나 부적절한 행동을 하

지 않게 하는 것이다.

04 수업관리 전략

1) 칭찬하기

학생이 실수했을 때 기술지도와 격려를 많이 해주는 교사, 설명 위주로 대화를 하는 교사, 칭찬을 자주 해주는 교사를 학생들이 선호한다. 칭찬과 격려를 자주 하기 위해서는 바람직한 행동이 무엇인지를 학생들에게 명확하게 제시해야 한다. 그러면 학생들도 그에 따라서 행동하게 된다.

바람직한 행동의 예
- 수업에 빠지지 않는다.
- 체육복을 제대로 갖추어 입는다.
- 설명할 때 경청한다.
- 게으름을 피우지 않고 열심히 연습한다.
- 설명한대로 바른 동작을 연습한다.
- 친구를 도와준다.
- 규칙을 잘 지킨다.

칭찬하는 방법에 따라서 어떤 학생에게는 효과적이고 어떤 학생에게는 별 효과가 없을 수도 있다.

- 외향적인 학생은 여러 학생들 앞에서, 내향적인 학생은 조용하게 개인적으로 칭찬해준다.
- 기술수준이 낮은 학생에게는 자주, 뛰어난 학생에게는 가끔씩 칭찬해준다.
- 초기 단계에서는 자주, 시간이 지나면 횟수를 줄여가면서 칭찬해준다.
- 칭찬은 바람직한 행동이 나타난 직후에 해주는 것이 좋다. 칭찬해줄 기회를 놓쳤더라도 추후에 반드시 칭찬해주는 것이 좋다.

2) 수업동기의 유발

말을 물가로 데리고 갈 수는 있지만 억지로 물을 먹일 수는 없듯이, 체육수업을 하기 싫어하는 학생을 억지로 수업에 끌어들이려고 노력해보아야 별 효과가 없다. 학생이 수업에 임하려고 하는 의욕을 수업동기라 하고, 수업동기가 높을수록 수업의 효과가 높아진다.

수업동기를 높이는 방법은 다음과 같다(TARGET의 원리).
- 과제(Task)는 개인별로 개인의 수준에 맞고, 난이도가 적당한 과제를 제시해야 한다. 그러기 위해서는 하나의 과제보다는 여러 개의 과제를 제시하고 선택권을 준다.
- 결정권(Authority)을 학생에게 준다. 연습방법이나 수업 규칙을 정할 때 학생의 의견을 경청한 후에 적극적으로 반영해주는 것이 좋다. 학생의 의견이 반영되면 자신의 의견이 존중되었으므로 학생 스스로 책임지

려고 한다.

- 학생을 인정(Recognition)해준다. 학생의 실력이 향상되었을 때, 학생이 열심히 노력했을 때, 그것을 어떻게 인정해주고 보상할 것인가를 미리서 말해준다. 공개적인 인정보다는 개인별로 인정해주는 것이 좋고, 모든 학생이 공평하게 인정 받을 수 있어야 한다.
- 집단(Grouping) 편성을 한다. 잘하는 학생과 못하는 학생이 같은 집단에 속하도록 집단 편성에 융통성을 발휘한다. 또한 집단편성 방식도 일대 일 집단, 소집단, 대집단 등과 같이 여러 가지로 변형시킨다.
- 평가(Evaluation)에 반영한다. 학생의 노력 정도, 개인별 목표달성 정도 등을 기준으로 평가한다. 학생 스스로 자기평가를 할 수 있는 기회를 자주 주는 것도 좋다. 평가가 수업목표와 동떨어지면 안 된다.
- 시간(Timing)을 충분히 준다. 학생들의 학습속도에는 개인차가 있으므로 개인의 향상도를 고려해서 충분한 연습시간을 주어야 한다.

3) 수업의 재미

체육수업이 재미없어 보이면 마지못해 참여하고, 일단 시작했더라고 중간에 포기할 가능성이 많다. 체육수업에서 학생들이 재미를 느끼는가 못 느끼는가에 따라서 체육수업에 임하는 태도가 달라지고, 체육에 대한 인식이 달라진다. 학생시절에 체육에 재미를 느껴보지 못한 사람은 성인이 되어서도 운동에 참여할 가능성이 아주 적다. 재미는 순간적으로 느끼는 좋은 감정이지만, 그 효과는 장기간에 걸쳐서 광범위하게 나타난다.
- 재미는 역경과 도전을 이겨낼 수 있다는 자신감을 길러준다.
- 주위 사람과 재미있게 지내면 신뢰감이 생기고, 정서적 유대가 강하진다.
- 재미를 느끼면 스트레스를 해소해주고 긴장에서 벗어난다.
- 재미를 느끼면 부상이나 질병에서 빨리 회복된다.
- 재미를 자주 체험하면 심리적 안정감이 높아진다.
- 재미는 집단의 응집력을 높이고 대인 관계에서 사교성이 좋아진다.

다음은 학생들이 체육수업에서 재미를 느끼는 요인들이다.
- 학생이 좋아하는 활동을 한다.
- 교실 밖에서 수업을 한다.
- 친구들과 어울려 운동을 한다.
- 이론과목이 아니다.
- 스트레스가 해소된다.
- 운동기술을 습득한다.
- 건강과 체력이 증진된다.
- 성취감을 맛볼 수 있다.

4) 체육수업과 몰입

몰입(flow)은 운동연습을 하거나 게임을 하는 중에 아무런 힘도 들지 않고, 시간이 흐르는 것도 느끼지 못하는 상태에서 몸과 마음이 하나가 된 상태를 말한다. 학자들에 의하면 몰입은 운동 그 자체가 좋아서 운동을 하는 원동력이 된다고 한다. 운동뿐만 아니라 장기나 바둑, 독서, 음악 등을 할 때도 몰입을 경험할 수 있다.

다음은 몰입상태에 이르렀을 때 발견되는 공통점이다. 이 공통점들을 잘 이용하면 학생들이 체육수업에 적극적으로 참여하도록 유도할 수 있을 것이다.

- 학생의 기술수준과 운동과제가 일치할 때 몰입을 경험할 수 있다. 기술수준은 높으나 운동목표의 수준이 낮으면 지루함을 느끼고, 기술수준은 낮으나 운동목표의 수준이 높으면 스트레스를 느끼게 된다.
- 몰입의 순간에는 운동에 도취된 듯한 상태를 경험한다. 몰입의 순간에는 동작에 몰두한 나머지 교사를 포함하여 주변 사람을 전혀 의식하지 않게 되고, 자기 자신에 대한 걱정도 전혀 없는 상태가 된다. 따라서 모든 에너지를 지금 하고 있는 동작에 쏟아 붓게 된다.
- 몰입상태에서는 자신과 주변을 의식하지 않는다. 몰입상태에서는 자신이 남에게 어떻게 비춰진 것인가? 남들이 나를 어떻게 생각한 것인가? 등의 모든 걱정이 사라진다.
- 몰입상태에서는 힘이 전혀 들지 않는다. 몰입의 순간에는 동작은 거의 완벽하게 이루어지지만, 거의 힘을 안 들이고 자동적으로 동작을 하는 느낌이 든다. 남들이 보기에는 강도 높은 운동을 하는 것처럼 보이지만, 실제로는 힘이 전혀 들지 않고 자동적으로 동작이 이루어지는 것 같은

느낌이 든다.

- 몰입상태에서는 시간과 공간 감각이 왜곡된다. 몰입의 순간에는 실제 시간보다 훨씬 시간이 빨리 지나가는 것처럼 느껴진다. 즉 게임이 먼저 끝났어도 모르는 경우가 생긴다. 시간이 멈추어 있는 것처럼 느낀다는 사람도 있고, 공이 더 크게 보인다거나 타겟이 달덩이처럼 크게 보인다고 하는 사람도 있다.

5) 동작설명

학생들에게 새로운 기술이나 동작을 가르칠 때에 맨먼저 하는 것이 교사의 동작설명이다. 교사의 동작설명에 따라서 학생들의 학습동기가 크게 좌우되므로 동작설명을 잘해야 된다.

(1) 학생들의 관심을 끈다

동작설명의 효과를 높이기 위해서는 첫째로 학생들의 관심을 끌어야 한다. 학생들의 관심을 끄는 자신만의 특별한 방법이 있을 수도 있고, 특별한 제스처 또는 표정을 지을 수도 있다.

다음은 학생의 관심을 끌 수 있는 방법들이다.

- 특별한 의식이나 루틴을 만든다.
- 호루라기를 불거나 사인을 보낸다.
- 보통 말하는 것보다 약간 큰 소리로, 단호하지만 친근한 말투로 말을

한다.
- 장난치는 학생의 이름을 부르거나 주의를 준다.
- 처벌은 최후의 수단이다.

(2) 동작설명을 할 때 고려사항

- 전원이 볼 수 있고 들을 수 있는 대형을 만든다.
- 교사의 뒤 쪽에 학생들의 시선을 끌만한 사람이나 물건이 없도록 한다.
- 운동장을 다른 반과 함께 사용할 경우 학생들이 다른 반 학생들을 볼 수 없게 만들어야 한다.
- 소음이 없는 곳을 택한다.
- 학생들이 햇빛을 마주보지 않게 한다.

(3) 동작설명의 원칙

학생들을 동작설명을 할 수 있는 대형으로 집합시키고 주의를 집중시킨 다음 즉시 동작설명을 시작하되 짧고, 쉽고, 명확하게, 비유적으로 표현한다. 예를 들어서 농구에서 슛을 한 다음의 팔 동작을 "슛을 한 다음 손 전체를 링 속으로 집어넣는 듯한 동작을 취하라!"와 같이 표현한다.

6) 시범 보이기

배울 동작을 말로 설명한 다음 시범을 보여주면 이해도가 크게 높아진다.

시범을 보여주는 것 자체로 학생들의 주의를 끌 수 있다. 동작의 핵심포인트를 기억할 수 있도록 몇 차례 반복해서 시범을 보여주면서 동작의 단서 몇 가지를 말해주면 더욱 더 좋다. 새로운 동작을 배우려고 할 때 일부 학생들은 불안감을 갖고 회피하려고 한다. 그런 학생들도 시범을 보고 나면 도전할 의욕이 생기는 경우가 많다.

(1) 시범을 보여주는 시기

- 연습 시작 전에……새로운 동작을 배우려고 할 때 구두로 동작을 설명한 다음에 시범을 보여준다. 전에 배운 동작을 연습하려고 할 때에도 연습시작 전에 시범을 보여주면 좋다. 그때에는 핵심포인트 하나씩을 지적하는 것이 효과적이다.
- 연습 중간에……학생들이 자주 하는 실수를 판단할 수 있도록 도와주기 위해서 시범을 보이는 것이다. 그때는 실수를 고칠 수 있는 단서를 가르쳐주는 시범이어야 한다.
- 수업을 정리할 때에……수업을 정리하면서 시범을 보여주면 학생들은 머릿속으로 따라하게 된다. 그러면 이미지트레이닝의 효과를 얻을 수도 있다. 그 경우에는 가장 잘하는 학생을 선발해서 시범을 보여주는 것이 효과적이다.

(2) 시범을 보일 때의 대형과 각도

시범을 잘 보여주기 위해서는 시범을 잘 관찰할 수 있는 대형을 미리 만들어야 한다. 즉 구두로 설명할 때 시범을 관찰할 것을 대비해서 미리 대형을 만드는 것이다. 설명하는 장소와 시범을 보이는 장소가 서로 다르면 시범과 설명의 효과가 모두 감소된다.

시범을 잘 관찰할 수 있는 대형에는 직선지그재그형, 반원지그재그형, 서고-무릎앉고-앉기 대형 등이 있다. 시범을 보일 때는 관찰하는 학생들이 모두 같은 각도에서 관찰할 수 있도록 배려해야 한다. 학생들이 좌우로 긴 대형을 이루면서 시범을 관찰한다고 하면 가운데 학생은 정면에서 관찰을 하고 양쪽 가의 학생들은 오른쪽 아니면 왼쪽 각도에서 관찰하게 되므로 느낌이 다를 수밖에 없다.

(3) 시범을 보여주는 모델

누가 시범을 보일 것인가의 문제이다. 시범을 보여주는 모델은 학생과 비슷할수록 좋다(모델의 유사성). 즉 학생과 모델이 나이·성별·체격 등이 모두 비슷하면 학생들이 자기도 할 수 있을 것이라는 자신감이 생긴다. 그러므로 학생 중에서 한 사람을 모델로 뽑아서 미리 연습을 시킨 다음에 그 학생이 시범을 보이면 가장 효과가 좋다.

시범을 보일 때마다 같은 학생을 모델로 선정하는 것보다는 매번 모델이 바뀌면 더 좋다. 남녀 혼성학급인 경우에는 남학생과 여학생을 1명씩 뽑아서 모델로 쓰는 것이 좋다.

① 교사가 시범을 보여줄 때

교사가 시범을 보여줄 때에는 동작을 정확하게 하는 것이 가장 중요하다.

만약 잘못된 동작을 보여주면 역효과가 나므로 미리 연습을 하거나 시범을 보여줄만한 학생을 선정해두는 것이 좋다. 농구의 자유투를 시범으로 보여줄 경우에는 골이 안 들어갈 수도 있다는 것을 미리 설명해야 한다.

② 비디오로 시범을 보여줄 때

비디오를 이용하면 설명과 시범을 한번에 효과적으로 보여줄 수 있다는 장점이 있다. 빠른 동작으로, 슬로우모션으로, 정지화면으로, 거꾸로 동작을 보여줄 수 있다는 점과 특정 부분을 반복적으로 보여줄 수 있다는 장점도 있다.

그러나 비디오를 운동장에서 보여주는 것이 어렵고, 장비와 비디오테이프를 미리 준비해야 한다는 단점이 있다. 그러나 단점보다는 장점이 더 많으므로 비디오를 잘 활용하도록 노력해야 한다.

③ 사진이나 그림으로 보여주기

사진이나 그림을 이용하면 정지상태만 보여준다는 단점이 있지만, 특정 순간에 특정 위치를 집중적으로 정확하게 보여줄 수 있다는 장점이 있기 때문에 가끔 이용한다. 실제 시범보다 더 효과가 있을 수도 있다.

7) 연습방법

체육수업에서는 연습이 아주 중요하고, 연습을 어떻게 하느냐에 따라 연습의 효과가 크게 차이가 난다. 간단한 동작을 가르칠 때에는 동작 전체를 연습시키면 그만이지만, 복잡하거나 긴 동작을 가르칠 때에는 몇 개의 구분동작으로 나누어서 가르친 다음 연습을 시켜야 한다.

가르치려는 동작을 A, B, C 3개의 구분동작으로 나눌 수 있고, 구분동작을 연결해서 연습하는 것을 +로 표시하기로 하자.

전습법 : A+B+C를 반복해서 연습한다.

- 순수 분습법 : A→B→C→A+B+C의 순서로 연습한다.
- 점진적 분습법 : A→B→A+B→C→A+B+C의 순서로 연습한다.
- 반복적 분습법 : A→A+B→A+B+C→의 순서로 연습한다.
- 전습 후 분습법 : A+B+C→A→A+B+C→B→A+B+C→C의 순서로 연습한다.
- 역순 분습법 : C→B→A→A+B+C의 순서로 연습한다.

(1) 연습방법을 선택하는 방법

위에서 여러 가지 연습방법을 설명하였지만 어떤 동작이나 기술을 전습법으로 가르칠(연습할) 수 있다면 전습법이 가장 효과적이다. 그러므로 학생들에게 어떤 동작을 가르치기 전에 전습법으로 가르칠 것인지, 아니면 다른 방법으로 가르칠 것인지를 먼저 교사가 정해야 한다.

(2) 구분동작으로 나눌 수 있는가?

시간적으로 먼저 이루어져야 하는 선행동작과 나중에 이루어져야 할 후행동작이 있다면 먼저 그렇게 나누고, 거의 동시에 이루어지는 동작일 경우에는 팔동작, 발동작, 머리동작, 몸통동작 등으로 나누는 것이 좋다. 위와 같이 구분동작으로 나눌 수 있다고 해서 무조건 분습법으로 가르칠 수는 없다. 동작을 따로따로 배우고 나중에 합쳐도 문제가 없다고 판단될 때에만 분습법으로 가르칠 수 있다.

(3) 구분동작과 전체동작의 연관성은 어떠한가?

너무나 많은 수의 구분동작으로 나누어 놓으면 그 구분동작이 전체동작에서 어떤 역할을 하는지 알기 어렵다. 반드시 구분동작이 전체동작과 어떤 연관성이 있는지 살펴보고 학생들에게 말해주어야 한다.

8) 피드백

연습방법을 정해서 학생들이 연습을 하면 교사는 학생들에게 적절한 피드백을 제공해야 한다. 교사가 제공하는 피드백을 외재적 피드백이라 하고, 연습하는 과정에서 학생 자신이 얻게 되는 정보를 내재적 피드백이라 한다.

교사가 학생에 주는 외재적 피드백은 ① 칭찬을 통하여 강화의 역할, ② 부정적인 반응을 통하여 처벌의 역할, ③ 실수를 교정할 수 있는 정보의 역할, ④ 목표를 달성하기 위해서 더욱더 열심히 하라는 동기유발의 역할 등을 한다.

교사가 제공하는 피드백의 역할이 이와 같이 아주 다양하고 효과적이지만, 피드백을 제공할 때는 다음 사항을 주의해야 한다.

잘한 동작의 기준을 명확하게 해두어야 한다. 두 학생이 비슷한 동작을 했는데 한 학생에게는 칭찬을 해주고 다른 학생에게는 부정적인 반응을 보이면 곤란하다.

가급적이면 부정적(처벌적)인 피드백을 주지 않는 것이 좋지만, 어쩔 수 없이 부정적인 피드백을 제공해야 될 경우에는 감정이 개입되지 않도록 해야 한다. 학생이 동작을 잘못했다고 해서 놀리거나, 비꼬거나, 인상을 쓰면 안 된다. 잘못하면 교사에게 적대감을 가질 수 있다.

피드백은 교사만 주는 것이 아니다. 옆에 있는 동료 학생이 하는 한 마디 조언이 교사가 100번 타이른 것보다 효과적일 수도 있다. 그러므로 동료 학생의 피드백을 적절히 이용하여야 한다. 예를 들어 잘하는 학생과 못하는 학생을 같은 조로 만들어서 서로 상대의 동작에 대하여 의견을 나누도록 시간을 할애하는 것이다.

Part 12

실버스포츠의 이해

노화의 개념

1) 노화의 정의

노화(老化, senescence)란 나이가 들면서 신체의 구조와 기능이 점진적으로 저하되어 질병과 사망에 대한 감수성이 증가하면서 쇠약해지는 과정이다. 나이가 들면서 동맥경화, 암, 치매 등 각종 질병이 많아지는데, 이들 성인병이나 노인 질환의 발생은 순수한 의미의 노화와는 별개의 것이다.

엄격한 의미의 노화란 이같은 질병과 무관하게 나이가 들어 신체의 전반적인 활력이 떨어지고 모든 생리적 기능이 저하되는 과정을 말한다.

2) 노화의 특징

노화에는 다음과 같은 특징이 있다.

- **보편성**……노화는 모든 사람에게 보편적으로 일어난다. 암과 같은 질병은 특정인에게만 일어나지만 노화는 모든 사람에게 일어난다. 다만 노화가 일어나는 시기와 노화의 속도는 개인에 따라 차이가 있을 수 있다.
- **내인성**……노화의 주원인은 체내에 있다. 예를 들어 방사선에 과도하게 노출되면 신체에 변화가 생기지만, 그 원인이 신체 외적인 곳에 있으므로 노화가 아니다.
- **쇠퇴성**……노화는 신체기능에 부정적인 영향을 미쳐 사망에 기여한다. 나이가 들면서 신체의 기능이 더 좋아지면 노화가 아니다.
- **점진성**……노화는 점진적으로 일어난다. 신체기능의 상실이 점진적으로 일어나야지 교통사고처럼 갑자기 나빠지는 것은 노화가 아니다.

3) 노인체육의 필요성

노인체육이 필요한 이유는 다음과 같다.

- 노화의 과정이 일률적이지 않고 개인차가 크다.
- 노인들에게 안전하고, 적합하며, 효과적인 운동프로그램을 제공해야 할 필요가 있다.
- 신체기능의 퇴행을 막고 유지하는 것이 성공적인 노화의 첫 단계이다.

- 신체기능을 유지하는 데는 신체활동이 가장 중요한 요인이다.
- 노인의 신체활동은 노인성 질병을 예방하고 신체적 허약함을 감소시키는 데에 가장 효과적인 방법이다.

노인에게 운동 또는 스포츠를 지도할 때 꼭 필요한 지식이나 경험은 다음과 같다.

- 노인성 질환의 발병기전과 특성
- 운동 시 주의해야 할 사항에 대한 의학적 지식
- 신체적 허약을 극복할 수 있는 체력요인에 대한 지식
- 넘어짐을 방지하기 위한 다감각훈련에 관한 지식과 경험

02 노화이론

"사람은 왜 태어나서 살다가 늙어서 죽는가?"라는 의문에 대한 해답을 찾으려고 노력하는 것이 노화이론이다. 노화와 관련된 이론을 맨 처음 주장한 사람은 히포크라테스(Hippocrates)이다. 그는 인간의 몸을 불, 물, 공기, 흙으로 구성되어 있다고 보고, 체내의 열이 감소하는 등 조화가 깨지는 것이 노화라고 주장하였다. 다윈(Darwin, C. R.)은 신경 및 근육의 자극에 대한 감수성이 저하되는 것이 노화라고 주장하였다.

1) 생물학적 노화이론

생물학적 노화의 특징은 체내의 지방은 증가하는 반면 단백질·수분·미네랄 등의 성분은 감소하여 골다공증 증세가 나타나고, 연골의 탄력성이 약화되어 퇴행성관절염의 발생빈도가 증가하며, 신장과 체중이 약간 감소한다.

다음은 생물학적 노화이론 중에서 중요하다고 생각되는 것을 간추려서 정리한 것이다.

- **유전적노화이론**······DNA 속에 노화의 속성이 저장되어 있어서 정해진 시기에 이르면 특정 유전자가 적극적으로 작용하여 세포를 노화시켜서 노화가 진행된다.
- **유전자돌연변이이론**······DNA 복구 시스템이 비정상적으로 작동하면 일부 유전자정보가 상실되어 돌연변이세포가 만들어진다. 돌연변이세포가 누적되면서 노화가 진행된다.
- **사용마모이론**······기계가 마모되듯이 인체의 세포도 점진적으로 닳아 없어짐으로써 노화가 진행된다.
- **손상이론**······세포 손상의 누적이 세포의 기능장애를 일으키는 결정적 요소로 작용하여 노화를 발전시킨다.

2) 심리학적 노화이론

심리학적 노화이론은 사람이 어떻게 해서 심리적으로 늙게 되는가를 설명하는 이론이 아니라, 사람이 생물학적으로 늙어갈 때 심리적으로 늙는 것을 예방하거나 지연시킬 수 있는 방법에 대한 이론이다.

- **자아발달단계 이론**……에릭슨(Erickson, E. H. : 1963)은 출생에서 노년까지의 자아발달을 8단계로 나누고, 맨 마지막 단계는 노년기에 오는 것으로 "자부심과 만족감을 느끼면서 자신이 살아온 과거를 되돌아 볼 수 있으며, 죽음을 위엄 있게 받아들일 수 있다."면 긍정적인 노년기가 되는 것이고, 반대로 "자신이 살면서 달성해야 할 것을 달성하지 못했다고 느끼면서 삶의 종말이 다가오는 것에 절망한다."면 부정적인 노년기가 된다고 주장하였다.

- **발달과업이론**……하비거스트(Havighurst, R. J. : 1972)는 생애주기를 신체적인 조건, 문화적인 규범, 사회적인 기대감, 개인적인 가치설정, 개인적인 기대감 등의 6단계로 구분하고, 각 발달단계에서 주어진 과업을 완수하는지 여부가 현재의 행복과 다음 단계의 성공적 과업수행에 결정적인 역할을 한다고 주장하였다. 그는 노년기 발달과업으로 다음과 같은 여섯 가지 적응과제를 제시하였다.

  - 약화되는 신체적 힘과 건강에 따른 적응
  - 퇴직 및 경제적 수입 감소에 따른 적응
  - 배우자의 죽음에 대한 적응
  - 동년배 집단과의 유대관계 강화
  - 사회적 역할을 융통성 있게 수행하고 적응하는 일
  - 생활에 적합한 물리적 생활환경의 조성

- **성공적 노화이론**……발테스 등(Baltes, M. M. & Baltes, P. B. : 1990)이 주장하는 "노후에는 신체적 및 지적 퇴화로 인해 젊었을 때처럼 사회활동에 적극적으로 참여할 수 없지만, 갑작스럽고 전적인 단절은 오히려 노화를 재촉할 수 있기 때문에 개인에게 일과 보상이 주어진다면 성공적인 노화를 보낼 수 있다(선택과 보상이 있는 적정화)."는 이론으로, 역동이론이라고도 한다. 여기에서 보상이란 노화로 인하여 감소된 능력을 보조기구 등을 통하여(돋보기나 보청기) 그 능력을 향상시켜주는 것을 뜻한다.

3) 사회학적 노화이론

노화과정에서 나타나는 개인적 특성이나 행동, 노년기에 일어나는 사회적 관계와 역할의 변화를 사회학적 측면에서 설명하는 이론들이다.

- **사회유리이론**……건강의 약화, 죽음에 이를 가능성의 증가, 사회에 대한 공헌의 약화 등에 의해서 노인의 사회적 역할과 상호작용을 감소시켜서 노인들을 사회에서 분리시킨다. 그러한 분리는 정상적이고 불가피한 것이다. 노인 스스로가 사회활동으로부터 소모되는 에너지를 보존하기 위해서 스스로 사회에서 물러나는 개인적 분리와, 사회가 노인을 사회로 다시 복귀시키는 것보다는 젊은 세대를 영입하는 것이 더 유익하다고 판단해서 노인을 사회로부터 분리시키는 사회적 분리가 있다.
- **활동이론**……노인의 사회활동 참여율이 높을수록 심리적 만족감과 생

활만족도가 높아진다. 그러므로 "가능한 한 사회에 통합되어 새로운 역할을 찾아 사회적 활동을 지속하는 것이 성공적인 노화"라고 주장하는 이론이다.

■ **하위문화이론**……로스(Rose, A. M. : 1965)는 "한 범주에 속하는 구성원들이 다른 범주에 속하는 사람들과의 관계보다는 같은 범주에 속하는 사람들과 더 많은 관계를 유지하면서 독특한 하위문화를 형성하게 된다. 노인들은 나이가 들어가면서 가족과의 접촉이 줄어들고, 청년층과 격리되며, 홀로 살아가면서 소외를 경험하지만, 동시에 동년배들 간의 사회적 접촉빈도는 증가한다. 그리하여 노인들만의 하위문화를 형성시킨다."고 하였다.

03 노인운동

1) 노인운동의 개념

노인들의 신체운동에 대한 인식운동에는 여러 가지 뜻이 있을 수 있지만, 이 단원에서 사용하는 '운동(physical exercise)'은 "체력을 향상시키거나 건강을 유지 또는 향상시키려고 수행하는 계획적이고 구조화된 신체활동"을 의미한다. 즉 운동과 '트레이닝'을 같은 뜻으로 사용한다.

그리고 '노인 운동'이란 "노인이 자신의 체력을 유지 또는 향상시키기 위해서 하는 운동"을 말한다. 즉 노년기에 하는 운동 또는 트레이닝이다.

UN추계에 의하면 2025년에 65세 이상의 노인인구가 총인구에서 차지하는 비율은 일본 27.3%, 스위스 23.4%, 덴마크 23.3%, 독일 23.2%, 스웨덴 22.4%, 미국 19.8%, 영국 19.4%로 예측되고 있다.

일반적으로 나이가 들면 스포츠와 같이 격렬한 신체활동에 참가하는 빈도가 점차 줄어들고, 노인들이 신체적으로 활발하지 않게 되면 신체의 작업능력이 저하되거나 여러 가지 장애의 원인이 될 것이라는 것은 쉽게 예측할 수 있다.

2) 노인 운동의 효과

노인의 지속적인 운동에 의한 운동효과를 보면 심장허파순환기능 및 근육의 기능이 향상됨을 알 수 있고, 콜레스테롤 수치를 감소시켜 심장혈관계통 질환의 위험요인을 제거한다. 그리고 신진대사가 활발해져 체력을 증진시키고 노화방지에 효과적이다. 이 외에도 운동을 하면 우울증, 무력감, 불안감 등을 해소하여 노년기에도 활발하고 희망찬 생활을 할 수 있도록 하는 정신적 건강유지에 큰 도움을 준다.

최근 미국과 유럽에서 면역기능을 향상시켜 노화와 관련된 여러 질병의 발생률을 감소시킬 수 있다는 사실에 기초하여 노화현상을 둔화 또는 정체시켜 젊게 되돌리려고 하는 노화방지에 관한 연구가 급속도로 발전하고 있다.

오래 사는 것이 중요한 것이 아니라, 건강하게 오래 사는 것이 중요하다!

(1) 노인 운동의 신체적 효과

노인이 규칙적으로 신체운동을 하였을 때 얻을 수 있는 신체적 효과에는 다음과 같은 것들이 있다.

- **근육뼈대계통**······근력 향상, 뼈의 질량 증가, 근육층의 발달, 지방층의 감소, 피부의 탄력 향상, 뼈대 및 관절 강화 등
- **심장혈관계통과 호흡계통**······심장 및 혈관의 기능 향상, 유산소능력 유지, 최대산소섭취량 증가, 심박수 감소, 1회 박출량 증가, 혈액의 산소운반능력 증가, 분당환기량 증가, 안정 시 호흡수 감소, 폐활량 증가 등
- **내분비계통**······인슐린 감수성 증가, 대사증후군 유병률 감소, 당뇨병 예방 및 개선, 상처 치유속도 향상, 콜레스테롤 감소 등
- **신경계통**······반응시간 단축, 신경전달 기능 향상, 신체의 제어능력 및 협응력 향상, 청력과 시력 향상, 수면상태 호전, 기억력 향상, 치매발생 감소, 우울증 개선 등
- **활력 증가**······원기왕성, 심장을 비롯한 각종 장기의 기능 향상, 면역기능 향상, 성기능 향상 등

(2) 노인 운동의 심리적 효과

노인 운동의 심리적인 효과는 다음과 같다.

- 삶의 질 향상과 웰빙에 긍정적인 효과
- 우울증 감소
- 인지기능의 향상

- 치매를 지연시키는 효과
- 기억장애의 발생을 줄임
- 집중력과 단기 기억력의 향상

(3) 노인 운동의 사회적 효과

노인 운동의 사회적 효과는 다음과 같다.
- 사회적 관계의 단절 방지, 지속적인 사회활동
- 새로운 친구 사귀기
- 사회와 문화 네트워크 확장
- 역할의 유지 및 새로운 역할의 학습
- 세대 간의 소통 강화

3) 운동권고 지침 및 운동방안

(1) 노인은 성인이 아니다

노인(老人). 말 그대로 '나이가 들어서 늙은 사람'을 뜻한다. 법적으로는 보통 만 65세 이상을 기준으로 삼고 있다. 사전적으로나 법적으로나 모든 노인은 성인이다. 그러나 의학적인 개념으로 보면 조금 달라진다. '노인=성인'이라기보다는 '노인≠성인'이 더 가깝다. 그래서 노인은 성인과 다르게 보고 접근해야 한다. 즉 진단과 처방이 달라져야 한다는 것이다.

반면 노인은 일반성인과 차이가 난다. 그림에서 볼 수 있는 다섯 가지 내용은 다음과 같다.

- 우선 평소 생활능력이 일반성인보다 한참 떨어진다.
- 사소한 질환이 생겼을 때 신체기능이 일반성인에 비해 큰 폭으로 떨어진다.
- 기능이 떨어진 후에는 일반 성인과 달리 의존적이 된다.
- 회복시간도 한참 길다.
- 게다가 회복이 되더라도 예전 수준까지 회복되지 못한다.

이것을 보면 노인의 신체기능이 일반성인과는 어떻게 다른지 이해할 수 있을 것이다.

한편 노인은 신진대사기능도 떨어진다. 다시 말해서 영양분을 흡수·활용·배출시키는 능력이 떨어진다는 얘기이다. 노화는 신체부위를 가리지 않고 전방위적으로 진행된다. 호르몬체계의 활성능력도 떨어진다. 영양분·호르몬은 대부분 콜라겐과 엘라스틴으로 이뤄져 있는 연결조직을 통과해야 비로소 뼈와 피부에 이르게 되는데, 이 조직에 노화가 진행돼 콜라겐이 잘 생성되지 않고 탄력성도 잃게 된다. 연결조직은 점점 딱딱한 형태로 굳어가고, 호르몬과 영양분은 뼈와 피부로 공급되는 게 어려워지기 때문에 골다공증이 잘 생기고, 피부에 주름이 생기는 것이다.

04 노인운동의 지도기법

노인들을 교육하려면 노인의 특성을 먼저 이해하고, 개별적인 사항을 고려해야 한다. 다음은 노인들을 교육할 때 기본적으로 적용해야 할 원리들을 설명한 것이다.

- **자발성의 원리**……노인 교육은 강압적·타율적으로 이루어져서는 안 되고, 노인의 특성과 흥미에 입각한 자발성을 기초로 이루어져야 한다. 노인들은 경험과 지식이 풍부하고, 자발적으로 학습에 참여할 수 있는 능력이 충분히 있다.
- **경로의 원리**……노인을 가르치는 교사는 일반학교의 교사와는 달라야 한다. 왜냐하면 노인들은 대부분이 교사보다 연령이 많고, 특정 분야에서는 교사보다 지식과 경험이 훨씬 풍부하기 때문이다.
- **사제동행의 원리**……노인 교육에서는 학생과 교사가 동등한 입장이고, 교사와 학생의 상호 합의에 의해서 교육이 이루어지므로, 모든 교육활동을 학생과 교사가 동행해야 한다.
- **생활화의 원리**……노인들에게 가르치는 내용과 방법이 일상생활과 밀접한 관련이 있어야 한다. 노인이 교육을 받으러 온 것은 당장 생활에 필요한 것을 더 잘할 수 있기 위해서이지 미래를 대비하기 원한 것이 아니다.

- **다양화의 원리**……노인들을 주입식으로 교육하려고 하면 안 된다. 그들은 다양한 체험이나 연습을 원한다.
- **직관의 원리**……노인들은 문자로 된 책을 읽는 것보다 비디오로 보거나 다른 감각기관을 통해서 직접적으로 느껴봐야 교육효과가 좋다.
- **개별화의 원리**……노인들 상호간에는 지적능력, 학력, 흥미, 성격, 경험, 건강상태, 생활수준, 경제력 등의 차이가 아주 심하다. 그러므로 다양한 개개인의 학습욕구를 충족시켜 줄 수 있도록 개별화 학습이 필요하다.

05 노인운동 시의 위험관리

1) 시설의 안전관리

노인들이 안전하게 운동할 수 있도록 하려면 다음 사항을 지켜야 한다.
- 어떠한 응급상황에서도 신속하게 대응할 수 있도록 응급처치 계획을 세운 다음 그 내용을 눈에 잘 띄는 곳에 게시해야 한다.
- 노인 스포츠지도사들을 대상으로 응급처치 훈련을 정기적으로 해야 한다.
- 운동에 참여한 노인들 중에 신체에 이상이 있는 사람은 없는지 운동 시작 전에 확인해야 한다.
- 노인 스포츠지도사는 반드시 심폐소생술을 알아야 한다.

- 노인 스포츠지도사는 시설과 장비의 사용방법을 잘 알고 있어야 하고, 운동에 참여자는 노인들이 올바른 방법으로 이용할 수 있도록 지도해야 한다.
- 노인들이 운동하는 동선을 파악하여 운동시설과 장비를 안전하게 배치해야 한다.
- 운동장비의 사용방법과 사용 시 주의사항을 적절한 장소에 게시해야 한다.

2) 환경과 장소의 안전관리

야외에서 운동할 때에는 운동하는 장소와 주위 환경이 안전한지 주의를 기울여야 한다.
- 운동하는 장소에 위험한 물건이나 건강에 해로운 물질이 없는지 잘 살펴보아야 한다.
- 무덥고 다습한 환경이나 춥고 건조한 환경에서 운동하는 것은 피해야 한다. 노인들은 면역력이 약하기 때문에 저체온증이나 고열증에 걸릴 염려가 있다.

3) 일반적인 응급처치법

어떠한 긴급상황에서든 활동지침을 분명하게 지켜야 한다. 그래야 지도자가 해야할 일의 우선순위가 정해져서 행동방향을 결정하기 쉽다.

긴급상황에서 해야할 기본적인 행동단계는 다음과 같다.

- 상황 판단하기
- 응급처치할 장소를 안전하게 만들기
- 응급처치하기

모든 환자를 1차평가방법으로 평가해서 가장 심하게 손상당한 환자를 먼저 식별해야 한다.

(1) 상황판단하기

현장상황을 정확하게 판단하는 것이 사고관리에서 가장 중요하다. 침착한 자세로 응급처치 교육과정에서 배웠던 것을 다시 떠올려본 다음에 행동에 들어간다. 주위에 의료계통에 종사하는 사람이 있는지 알아보고, 있으면 일을 분담한다.

안전에 위협이 되는 것이 무엇인지 확인하고, 동원 가능한 인력·장비·도구 등을 판단한다. 위험요소(뾰족한 물건, 엎질러진 화학물질, 낙하물 등)에도 조심해야 한다.

- **안전** : 위험요소가 무엇인가? 아직도 남아 있는가? 보호장비는 갖추었는가? 접근해도 안전한가?
- **현장** : 사고의 원인은 무엇인가? 손상의 메커니즘은? 환자가 몇 명이나 되는가? 어떤 손상을 당했을 것으로 생각되는가?
- **상황** : 무슨 일이 벌어졌는가? 몇 사람이 관련되어 있고 그들의 연령

대는? 어린이나 노인은 없는가?

(2) 응급처치 장소를 안전하게 만들기

사고가 발생하도록 만든 장소에는 위험요소가 아직도 존재하고 있으므로 가능하면 제거해야 한다. 이것은 화재위험이 있어서 자동차의 시동을 끄는 것 같이 아주 간단한 일일 수도 있다. 최후의 수단으로는 환자를 안전한 곳으로 옮긴다.

(3) 응급처치하기

안전한 장소가 확보되면 신속하게 환자를 1차평가해서 처치할 우선순위를 먼저 결정해야 한다. 환자가 여러 명 있을 때에는 생명이 위험한 정도에 따라서 더 위험한 환자부터 처치한다.

환자의 처치는 가능한 한 제자리에서 하고, 위험에 직면해 있거나 생명이 위태로운 경우에만 자리를 옮긴다. 가능하면 주위 사람들의 협조를 요청한다. 구경꾼들이 119에 신고할 수도 있고, 교통사고인 경우 삼각대나 경고등을 설치할 수도 있다. 구경꾼들이 환자의 사생활을 보호할 수도 있고, 낙하물을 치울 수도 있다.

(4) 구급대원 돕기

구급대원이 도착하면 구급대원의 질문에 성실히 답하고, 구급대원의 지시에 따라야 한다. 예를 들어 구급대원이 가져온 장비로 환자를 옮겨 줄 것을

환자의 반응을 체크한다.

- 질문을 하거나 가볍게 어깨를 흔들면서 반응을 체크한다.

반응이 있는가?

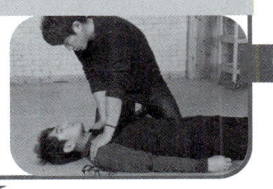

예 → 환자가 발견된 자리에 생명을 위태롭게 하는 손상이 있었는지 체크하고 처치한다. 도움을 요청하고 필요하면 ABC 체크를 한다.

아니요 ↓

기도를 개방하고, 호흡을 체크한다.

- 머리를 뒤로 젖히고 턱을 들어 올려서 기도를 열어준다.
- 호흡을 하는지 체크한다.

정상적으로 호흡을 하는가?

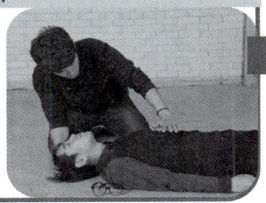

예 → 가능하면 환자가 발견된 자리에 생명을 위태롭게 하는 손상이 있었는지 체크한다. 환자에게 척추손상이 없으면 회복자세를 취하게 한다. 119에 신고한다.

아니요 ↓

- 보조자에게 119에 신고하라고 부탁한다.
- 보조자에게 가능하면 AED를 가져오라고 부탁한다.

↓

CPR을 시작한다.

- 30번 가슴을 압박한다.
- 2번 인공호흡을 한다.

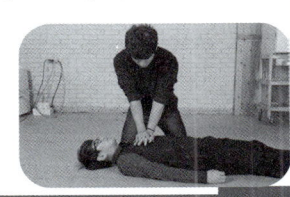
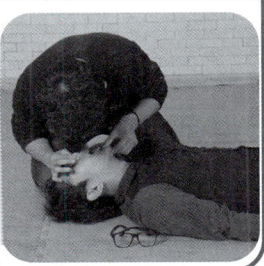

↓

CPR을 계속한다.

- 119가 도착할 때까지 30회 가슴압박, 2회 인공호흡을 계속한다.
- 환자가 정상적으로 호흡을 하거나 너무 지쳐서 더이상 할 수 없을 때까지 계속한다.

주의

- 당신 혼자인 경우에는 환자가 정상적으로 숨을 쉬지 않는다는 것을 알게 된 후 빨리 119에 신고해야 한다.
- 환자가 익수사고 때문에 숨을 쉬지 않는다는 것이 확실하면 119 구급대가 도착하면 알려준다.
- 환자가 정상적으로 숨을 쉬게 되었고 의식이 없으면 회복자세로 눕힌다.
- 인공호흡을 할 마음이 내키지 않으면 가슴압박만 계속한다.

심폐소생술 실시방법

요청하면 그에 따라야 하고, 환자와 떨어져 있으라고 하면 그렇게 해야 한다.

(171p심폐소생술 실시방법 그림 넣기)

(5) 환자 평가하기

환자를 평가할 때에는 맨 먼저 생명을 위태롭게 하는 손상이나 증상이 있는지 알아내는 것이 필요하다(1차평가). 생명을 위협하는 무엇을 발견하려면 ABC 체크의 순서로 확인해야 한다.

- Airway(기도)……기도가 열려 있고 이물질이 들어 있지는 않는가? 기도가 막히면 숨을 쉬지 못해서 저산소증이 유발되고, 결국에는 사망한다. 환자가 말을 하면 기도가 열려 있고 깨끗하다는 증거이다.
- Breathing(호흡)……환자가 정상적으로 숨을 쉬는가? 환자가 숨을 쉬고 있으면 호흡을 어렵게 만들고 있는 것(예 : 천식)은 없는지 체크해서 제거한다. 환자가 숨을 쉬지 않으면 즉시 119에 신고한 다음 인공호흡과 함께 가슴압박을 시작한다.
- Circulation(순환)……환자가 심하게 피를 흘리고 있는가? 처치하지 않으면 쇼크로 생명이 위독한 상태가 될 수도 있으므로 반드시 처치해야 한다.

Part 13

스포츠 사회학

01 스포츠사회학의 의의와 정의

　사회학에서는 단순히 시민 사회만을 연구하는 것이 아니라 정치, 경제, 문화, 종교, 언론 등 다양한 영역들을 연구대상으로 한다. 그뿐 아니라 그러한 영역들이 서로 어떤 관계를 꿪으면서 사회 전체를 이끌어나가는지도 연구한다. 사회학의 이러한 종합적 성격 때문에 스포츠를 하나의 사회현상으로 보고 사회학적 연구 방법으로 연구를 시작한 것이 스포츠사회학이다.

　스포츠에는 팀, 선수, 코치 등과 같은 기본적 구성요소와 규칙, 규범, 승리와 패배, 페어플레이 등과 같은 다양한 요소들이 있기 때문에 스포츠를 사회현상의 축소판으로 보는 데에 어려움이 없고, 스포츠를 사회현상으로 본다면 다양한 사회학적 개념과 이론을 이용해서 스포츠를 분석하고 이해할 수 있을 것이라는 것은 당연한 귀결이다.

스포츠사회학이 스포츠과학의 한 분야로서 언급되기 시작한 것은 1965년 캐년(Kenyon, G. S.)과 로이(Loy, J. W.)가 발표한 "스포츠사회학에 대하여"라는 논문을 통해 '스포츠사회학은 스포츠의 맥락에서 인간의 사회행동의 법칙을 규명하는 학문'이라고 정의하면서부터이다.

맥퍼슨(McPherson)은 "스포츠사회학의 과거, 현재, 미래의 전망"이라는 논문에서 스포츠사회학을 '사회학의 하위 분야로서 사회행동의 과정 및 유형을 스포츠의 맥락에서 설명하고 특정 조건하에서 인간의 행동을 예측하며 그 이해를 촉진하는 학문'이라고 규정하였다.

레오나드(Leonard)는 "스포츠의 사회학적 전망"이라는 논문에서 스포츠사회학을 '스포츠라는 현상에 사회학적 개념, 특히 사회구조와 사회화 과정의 개념을 응용하여 연구하는 학문'이라고 정의하였다.

다음은 그밖에 많은 학자들이 내린 스포츠사회학의 정의 중에서 몇 가지를 간추린 것이다.

- 스포츠와 사회의 관계에 대한 연구로 스포츠 장면에서 일어나는 행동 유형과 사회화 과정을 스포츠구조와 스포츠활동이 존재하는 일반 사회구조의 측면에서 설명하려는 학문이다.
- 개인, 팀, 스포츠 집단 등의 활동을 규제하는 사회법칙의 발견에 공헌하는 학문이다.
- 사회현상에 사회학적 이론과 연구방법을 적용하여 연구하는 사회학과

스포츠과학의 경계과학이다.

■ 스포츠현상 및 스포츠와 관계있는 다양한 사회문제를 사회학적 관점에서 실증적·객관적으로 연구하여 스포츠 현상의 합리화를 추구하는 과학이다.

이상의 정의를 종합하여 볼 때 스포츠사회학은 스포츠와 사회의 관련성에 초점을 둔 사회학의 하위분야 또는 사회학의 한 분과학문이다. 즉, 스프츠사회학은 스포츠 현상에 사회학적 이론과 연구방법을 적용하여 연구하는 사회학과 스포츠과학의 경계학문 또는 학제간 과학(interdisciplinary science)이다.

02 스포츠의 사회적 기능

1) 스포츠의 사회적 순기능

스포츠가 개인의 정서에 좋은 영향을 미치는 정서적 순기능으로는 운동의 욕구를 충족시키는 것과 체력을 육성할 수 있는 기회를 제공하는 것이다. 스포츠활동이 개인의 성장발달을 돕고, 개인의 목표를 달성하여 신분이 상승할 수 있는 통로의 역할을 할 수도 있다.

스포츠활동에 참여하면 사회적으로 바람직한 성격이 형성되고, 경쟁적인 스포츠활동을 통해서 모든 것이 경쟁인 자본주의적 경제활동에 대비하고 적응할 수 있는 기회를 얻을 수 있다. 스포츠맨십과 상대존중의 스포츠 정신을 통해서 민주시민의 자질을 함양할 수 있고, 도덕적으로 성숙한 시민으로 발전할 수 있다. 이러한 것들을 스포츠의 '사회화 기능'이라 하는데, 이것은 스포츠의 사회적 순기능 중의 하나이다.

스포츠활동을 통해서 개인의 욕구불만과 스트레스를 해소하는 것도 중요한 스포츠의 순기능이지만 폭력이나 일탈행동과 같이 사회적으로 문제가 되는 행동을 예방하고, 시민들이 서로 돕고 즐겁게 스포츠활동을 함으로써 사회를 안정화 하는 것도 중요한 순기능이다.

2002년 한일월드컵 경기대회에서 전 국민이 하나가 되어서 우리나라 대표팀을 응원하면서 일체감을 갖게 된 것이 대표적인 사회통합의 예이다. 스포츠를 통해서 사회통합이 이루어지면 사회 체제의 유지 및 긴장 해소에 도움이 되고, 사회 구성원들이 서로 결속해서 사회 전체의 목표를 성취하는 데에 크게 기여할 수 있다.

2) 스포츠의 사회적 역기능

스포츠가 개인의 정서에 오히려 나쁜 영향을 미치는 정서적 역기능으로는 폭력, 승부조작, 도박 등과 같은 일탈적 행위에 빠질 염려가 있다는 것이다. 신체적 능력의 우월성을 겨루는 스포츠의 특성 때문에 폭력에 노출되기 쉽고, 어떻게 해서든지 경기에서 이기려는 욕심 때문에 승부조작을 하고 싶은 유혹에 넘어갈 수도 있다. 경마, 경정, 경륜, 소싸움, 스포츠 토토와 같이 국가가 국민들의 사행심을 부추기는 경우도 있고, 개인적으로 개싸움이나 닭싸움에 돈을 걸어서 도박을 하거나 스포츠 경기의 승패나 성적으로 도박을 해서 사회적으로 문제를 일으키는 경우도 스포츠의 사회적 역기능에 해당된다.

목표달성에 실패했을 때 생기는 좌절감이나 성적부진 때문에 겪는 압박감과 초조감 등도 스포츠의 역기능이라고 할 수 있다. 그러한 감정들이 우울증이나 알코올 의존증 등을 유발시켜서 사회생활에 악영향을 미친다. 스프츠의 사회 정서적 역기능으로 인간소외를 들 수 있다. 엘리트 스포츠에서 선수를 돈벌이의 대상 또는 돈벌이의 수단으로 취급할 수도 있다. 그러면 선수의 의사와 상관없이 강제로 경기를 할 수밖에 없게 되는 것을 인간소외라고 한다. 우수한 선수를 독점하려고 서로 경쟁하는 과정에서 사회분열이 조장될 수도 있다. 대기업이 스포츠 규칙을 바꾸라고 강요하고, 경기 시간을 자신들이 좋은 대로 바꾸고 있지 않는가. 이런 것들을 스포츠가 사회에 미치는 역기능 중의 하나인 '과도한 상업화'라고 한다.

마지막으로 여성보다는 남성이 근력이 세고 순발력이 좋기 때문에 신체의 움직임으로 우열을 겨루는 스포츠의 특성상 남성이 여성보다 우위에 있을 수밖에 없다. 그것을 빌미로 남존여비와 같은 성차별을 할 수 있는 근거로 이용할 수 있다는 것도 스포츠의 사회적 역기능 중의 하나이다.

03 스포츠사회학의 주요이론

사회학은 집단, 조직, 문화 및 사회라는 환경 속에서 개인·집단·조직·문화·사회 사이의 상호관계를 연구하는 학문이고, 스포츠사회학은 스포츠 상황에서 일어나는 여러 가지 문제들을 사회학의 개념과 이론을 적용하여 규명하려고 하는 학문이다.

그러므로 사회 또는 스포츠를 거시적으로 보느냐 또는 미시적으로 보느냐와 주관적으로 보느냐 또는 객관적으로 보느냐에 따라서 이론의 적용 및 해석이 전혀 달라질 수 있다. 그래서 스포츠사회학에는 다음과 같이 여러 가지 이론들이 있고, 그 이론 중에서 어느 하나가 옳고 어느 하나가 그른 것이 아니라 모두 다 동원해야 스포츠사회를 올바르게 설명할 수 있다.

1) 구조기능주의 이론과 스포츠

인간이라는 유기체가 있고 그 유기체 안에는 대뇌, 심장, 허파, 위장, 팔, 다리 등 여러 가지 구조체들이 있다. 그 구조체들은 각각 맡은 임무 또는 기능이 있고, 그 기능들이 모두 잘 수행되어야 인간이라는 유기체가 정상적으로 작동할 수 있다. 그러나 어느 하나라도 그 기능을 제대로 수행하지 못하면 무엇인가 빈틈이 생기고, 인간이라는 유기체가 그 기능을 제대로 수행하지 못한다.

구조기능주의 이론은 사회학 이론 중에서 가장 오래 된 이론이고, 최근까지도 가장 지배적인 개념이다. 이 사회는 본질적으로 서로 의존적인 제도로 구성되어 있고, 그러한 사회제도는 전체 사회의 안정에 기여하고 있다고 본다. 예를 들어 남녀 간의 성차별이나 경제적인 불평등 또는 권력의 편중조차도 이 사회를 유지하고 존속하는 데에 필연적인 것으로 본다.

구조기능주의 이론을 지지하는 대표적인 학자인 파슨스(Parsons)는 모든 사회체계는 4가지의 기본적인 기능요건을 만족시켜야 한다고 주장하였다.

그가 주장한 4가지의 기능요건들을 스포츠에 대입해서 설명하면 다음과 같다.

- 적응(adaptation)······ 스포츠가 사회 구성원들에게 현실에 적합한 사고, 감정, 행동양식 등을 학습할 수 있게 해서 사회 구성원으로써 생활하는 것을 돕는다. 즉, 격렬한 신체활동을 통해서 체력, 정신력, 극기심 등을 배양함으로써 사회적 환경의 도전을 극복할 수 있도록 적응시켜준다.
- 목표달성(goal attainment)······일반사회에서 성공을 가장 가치 있는 목표로 설정하고 있지만 목표달성은 타인과의 공정하고 정당한 경쟁을 통해서 이루어졌을 때에만 가치가 있는 것으로 인정이 된다. 스포츠도 경쟁에서 승리하는 것을 목표로 하고 있지만 스포츠맨십과 페어플레이 정신을 지켰을 때에만 가치가 있는 것이다. 즉, 스포츠와 사회가 공통으로 추구하는 목표달성을 위한 전제조건이 스포츠맨십과 페어플레이 정신을 지키는 것이다.

- 통합(integration)……사회체계가 하나의 단위로 효과적으로 기능할 수 있도록 체계의 구성원들 간의 유대와 통일성을 유지하고 체계의 분열을 막고 통합하는 것이다. 스포츠는 구성원들 간의 유대를 강화하고 조직의 일체감을 조성한다.

스포츠가 사회적인 결속과 집단 간의 통합에 기여하는 이유는 다음과 같다.
- 경기의 시작과 종료가 단순명료하다. 일반사회는 경쟁의 시작과 종료가 불분명하다.
- 상대의 식별이 용이하다. 일반사회는 적이 뚜렷하지 않다.
- 목표가 분명하다. 일반사회는 목표가 명확하지 않다.
- 스포츠는 승패가 분명하다. 일반사회는 그렇지 않다.
- 스포츠는 간단명료하기 때문에 대중이 이해하기 쉽다. 일반사회는 그렇지 않다.

위와 같은 이유 때문에 대중이 스포츠를 좋아하게 되고, 특정 팀을 응원하면서 자신이 속한 학교, 지역사회, 국가와 일체감을 갖게 하므로 사회통합과 국민화합에 스포츠가 크게 기여한다.

- 체제유지 및 긴장해소……스포츠 참여가 대중의 사고, 감정, 행동양식, 가치관에 영향을 미쳐서 전체 사회의 규범과 가치를 개인에게 학습시켜서 순응하게 한다. 이때 개인의 욕구나 행동과 사회의 규범 또는 가치가 충돌할 수도 있다. 그때는 스포츠가 긴장과 갈등을 해소시키는 정화작용에 의해서 긴장, 공격성, 좌절 등과 같은 파괴적인 본능을 효과적으로 방출할 수 있게 한다.

2) 갈등이론과 스포츠

갈등이론은 마르크스이론에서 시작된 것으로 유산계급과 무산계급(노동자계급) 사이의 투쟁에 의해서 역사와 사회가 이루어진다고 본다. 즉, 사회 안에는 항상 갈등이 있고, 서로 상반된 이해에 관심이 있는 개인 또는 집단 사이의 투쟁에 의해서 어느 한 집단이 다른 집단을 복속시키는 관계에 의해서 사회질서가 성립된다고 본다. 그러므로 갈등은 비정상적이거나 병리적인 것이 아니라 사회를 변동시키고 발전시키는 데에 아주 크게 공헌하는 것이고, 이익이나 권력을 둘러싸고 개인이나 집단 간에 경쟁하는 과정에서 벌어지는 불화나 대립은 자연스러운 사회속성이라고 본다.

갈등이론의 관점에서는 일부 지배집단이 자신들의 이익을 증진시키기 위해서 스포츠를 이용하는 것이다. 즉, 일부 지배계급들이 스포츠 프로그램을 개발해서 공급하고 스포츠 용품 등을 제조하여 판매함으로써 일반 대중들을 스포츠 소비자로 전락시키고, 운동선수의 재능과 능력을 착취해서 자신들의 권력과 이익을 보존하며, 권력을 가진 자들이 대중의 의지를 꺾어버리고 집단을 지배하는 데에 스포츠를 이용한다고 본다.

갈등이론에서는 스포츠의 역할을 다음과 같이 설명하고 있다.
- 스포츠는 신체소외를 조장한다.
- 스포츠는 지배집단이 의도하는 목적대로 이용된다.
- 스포츠에 관심을 집중시켜서 정치·경제·사회적인 문제에 무관심을 조장한다.

- 상업주의, 군국주의, 성차별, 인종차별 등을 조장한다.

그러나 갈등이론은 다음과 같은 점에서 비판을 받고 있다.

- 스포츠와 사회의 관계를 설명할 때 경제적인 요인 이외의 모든 것을 배제하고 있다.
- 자본주의 사회에서 권력을 가진 사람들이 스포츠를 통제하는 것을 지나치게 강조하고 있다.
- 아무리 자본주의 사회라고 하더라도 스포츠에 참가하면 개인적으로 창조적으로 표현할 수 있고, 자기유능감과 해방감을 맛볼 수 있다는 것을 간과하고 있다.

04 스포츠와 교육

학교에서 학생을 대상으로 하는 모든 체육활동을 학교체육이라고 한다. 학교 내에서는 정규교과로서의 체육, 특별활동으로서의 체육, 자유 체육활동 등 세 가지의 경우가 있다.

1) 정과체육

교육과정에 의해서 정규적으로 편성되어 있는 수업시간에 하는 체육활동을 정과체육이라 하고, 교사의 지도하에서 치밀하게 학습시키며, 학생의 체력이나 운동기능, 스포츠에 대한 지식과 실기능력 또는 사회성 등을 계획적으로 발달시키는 것이 그 목표이다.

2) 클럽스포츠

학교에서 스포츠동아리를 중심으로 학생들이 자율적으로 구성. 운영하는 스포츠활동을 클럽스포츠라 하고, 주로 학생의 욕구나 흥미를 충족시키는 활동이지만 학교 교육의 목적을 달성하기 위해서 하는 것이기 때문에 교사에 의해서 어느 정도 관리되어야 한다.

학교체육진흥법에 따라 체육 활동에 취미를 가진 같은 학교의 학생으로 구성되어 학교가 운영하는 스포츠클럽을 특별히 학교스포츠클럽이라 하고, 학교스포츠클럽은 동아리 활동이 아니라 교육과정에 명시되어 있는 정규 교육과정이다. 그러므로 학교스포츠클럽과 클럽스포츠는 말이 아주 유사하지만 성격이 전혀 다르다.

학교스포츠클럽은 '방과 후 학교 + 자율체육활동 + 스포츠동아리'를 통합하여 조직적으로 운영함으로써 학생들의 신체적·심리적·정신적 건강을 도모하고, 건강한 학교문화를 형성하려는 목적으로 2007년부터 시행되고 있다.

3) 학원스포츠

코치나 감독을 영입하여 대회참가 및 입상을 목표로 운영되는 학교 운동부의 활동을 학원스포츠라 하고, 학원스포츠는 일반학생들을 위한 것이 아니라 엘리트 선수들을 양성하는 것이 목적이다.

4) 스포츠의 교육적 기능

(1) 스포츠의 교육적 순기능

스포츠는 교육의 중요한 수단이다. 학생들을 신체적·정서적·사회적으로 건강하게 성장할 수 있게 만들어 전인교육을 도모할 수 있다.

스포츠는 본질적으로 유희성을 가지고 있는 인간의 본능적인 욕구활동이다. 스포츠활동을 통해서 자신을 표현하고, 쾌감과 즐거움을 얻을 수 있다.

스포츠 참여는 바람직한 성격형성, 자기수양, 경쟁적 생활에 대한 준비, 도덕적 발달과 훌륭한 시민 정신의 함양 등과 같은 사회성을 함양할 수 있다. 스포츠는 여러 가지 사회적 경험을 쌓을 수 있는 사회화의 장으로서 바람직한 성격형성에 이바지하는 것으로 믿어지고 있다.

스포츠의 교육적 순기능을 보면 다음과 같다.

- 전인교육을 도모할 수 있다.
- 본능적 욕구를 충족시킬 수 있다.
- 사회성을 함양할 수 있다.
- 바람직한 성격향상에 도움이 된다.
- 사회통합에 도움이 된다.
- 욕구불만을 정화시킬 수 있다.

- 장애인의 신체기능 유지에 도움이 된다.
- 여가선용에 도움이 된다.
- 신체에 대한 인식을 긍정적으로 전환시킬 수 있다.

(2) 스포츠의 교육적 역기능

① 정과체육의 문제점

고대 그리스·로마 이후에 중세의 암흑기를 거쳐서 근대 르네상스가 시작되면서 체육은 교육의 중요한 한 축을 담당하였다. 우리나라에서도 근래 서양문물이 도입되면서 체육이 아주 중요한 교육수단으로 인정받아 왔다. 정과체육이 중요한 교육수단이기는 하지만 다른 교과목과 달리 체육관이나 운동장에서 몸을 움직여서 하는 수업이기 때문에 유교적인 사상이 뿌리박혀 있는 우리나라에서는 지적인 교육이 못되고 신체의 교육만 하는 것으로 비추어져서 들러리 과목이라는 인식이 팽배해져 있었다.

거기에다 시설과 용구가 부족하여 체육수업이 제대로 이루어지기 어려운 것도 사실이고, 초등학교의 여교사들이 체육수업을 지도할 능력이 없어서 체육수업을 다른 수업으로 대체해버린다든지, 중고등학교 체육교사라도 한 교사가 여러 종목을 다 잘할 수는 없기 때문에 자신이 좋아하거나 지도에 자신이 있는 종목만 가르친다든지 아니면 '아나 공' 하는 식으로 체육수업을 하는 것도 정과체육의 문제점이다.

② 정과체육의 개선방향

우리나라의 학교체육 중에서 정과체육을 개선하기 위해서 다음과 같은 노력들을 하고 있다.

- 학교체육의 전문성 향상……초등학교에는 체육전담교사와 스포츠강사의 배치를 지속적으로 늘리고, 중고등학교에는 학교스포츠클럽 활동을 지원하기 위해서 스포츠강사 또는 자원봉사자를 적극적으로 활용하려고 노력하고 있다.
- 학교스포츠클럽의 육성……학교스포츠클럽은 학교폭력과 성폭력을 예방하고, 학생들이 평생운동을 할 수 있는 기본적인 스포츠 능력을 배양하는 것이 목적이다. 그러므로 각 학교마다 가능한 한 많은 수의 학교스포츠클럽의 육성을 적극적으로 장려하고 있다.
- 학생건강체력평가제도의 도입……학생들의 건강 정도를 평가하고, 그 결과에 알맞은 운동을 처방하여 학생들이 운동을 생활화 하도록 함으로써 건강을 증진하는 것이 목적이다. 심폐지구력, 유연성, 근력 및 근지구력, 순발력, 비만도(체질량지수)를 측정하여 평가하고 있다.
- 여학생 체육활동의 활성화……그동안 신체활동에 참여하는 정도가 여학생들이 남학생들보다 상대적으로 적었다. 이에 여학생들이 스포츠활동에 더 많이 참여하도록 유도하기 위하여 탈의실, 샤워실, 화장실 등을 확충하고, 여학생들에게 적당한 요가 또는 체력 교실 등의 프로그램을 더 많이 운영하려고 노력하고 있다

(3) 학원·클럽스포츠의 문제점

학원스포츠와 클럽스포츠도 학생들을 교육하는 것이 주목적이지만 정과체

육과는 달리 경기를 하기 때문에 승리하고 싶은 마음이 생기게 마련이다. 올림픽 정신에서 아무리 승리하는 것이 목적이 아니고 경기에 참여하는 데에 의의가 있다고 주장하여도 경기에 참여하였으면 이기려고 한다. 그렇게 하다 보면 승리 지상주의에 빠질 염려가 대단히 크다. 그러나 경기에 지고도 아무렇지도 않다고 하면 경기의 의미가 없어져버린다.

05 스포츠와 미디어

1) 스포츠미디어의 이해

(1) 스포츠미디어의 개념

미디어(media)를 "어떤 정보를 그 정보가 필요한 사람에게 전달해주는 중매자의 역할을 해주는 것"이라는 의미에서 매체(媒體)라고 번역한다. 그러므로 사람이 사람에게 전하는 '말'이 매체일 수도 있고, 신문이나 잡지와 같이 글자로 쓴 것이 매체일 수도 있으며, 라디오나 텔레비전 또는 인터넷이나 스마트폰이 매체일 수도 있다.

매체 중에서 한꺼번에 여러 사람에게 많은 정보를 제공할 수 있는 것은 특별히 '매스미디어(mass media) 또는 대중매체'라고 한다. 스포츠와 미디어 단원에서 다루는 것은 주로 매스미디어에 관련된 것들이다.

사람에게 필요한 정보의 종류는 셀 수 없을 정도로 많다. 그렇게 많은 정보 중에서 스포츠와 관련이 있는 정보를 여러 사람에게 한꺼번에 전달하는 매체를 특별히 스포츠미디어라 하고, 스포츠미디어를 인쇄미디어, 방송미디어, 뉴미디어로 분류하는 경우가 많다. 인쇄미디어에는 신문, 잡지, 정기 간행물 등이 있고, 방송미디어에는 라디오, TV, 영화 등이 있으며, 뉴미디어에는 인터넷, 모바일 기기(스마트폰, 태블릿PC) 등이 있다. 앞으로 통신기술이 발전하면 더 많은 뉴미디어들이 등장할 것으로 예상된다.

스포츠미디어가 할 수 있는 기능 또는 역할이 많지만 몇 가지만 설명하면 다음과 같다.

- 단순하게 스포츠와 관련된 정보를 대중에게 전달하는 역할만을 하는 것을 '정보기능'이라 한다.
- 단순히 정보만을 제공하는 것이 아니라 문화와 가치관을 효과적으로 전파하고 대중들이 즐거움, 흥미, 관심 등을 느낄 수 있는 콘텐츠를 제공하는 것을 '정의적 기능'이라고 한다.
- 스포츠미디어가 공익적 목적의 서비스를 제공하고, 사회 구성원들의 관심을 하나로 묶어서 사회를 통합하는 역할을 하는 것을 '사회통합의 기능'이라 한다.
- 대중들이 스포츠미디어를 통해서 새로운 경험을 하거나 훌륭한 선수들의 퍼포먼스를 보고 대리만족감을 느낄 수도 있다. 그러면 대중들이 불안, 좌절, 스트레스 등으로부터 탈출할 수 있게 되는데, 그것을 '도피기능'이라고 한다.

06 스포츠와 사회화

　인간이 사회에 적응하며 살아가기 위해서 사회 구성원들과의 상호 작용을 통해서 사회생활에 필요한 가치·기술·지식·규범 들을 학습하는 것을 사회화라고 한다. 즉, 사회화를 통해 개인은 사회에 적응할 수 있으며 동시에 사회를 존속시킬 수 있다. 사회화는 특정 시기에만 이루어지는 것이 아니다. 유아기나 아동기, 청소년기 등에 특히 집중적으로 이루어지기는 하지만 사회화는 평생에 걸쳐서 이루어진다.

　우리가 사는 사회는 끊임없이 변화되고 있고, 이로 인해 새롭게 등장한 지식과 가치 등을 학습하는 것은 변화된 사회에 적응하기 위해 누구에게나 필요한 일이기 때문이다. 이처럼 사회 변화에 맞추어 과거와는 다른 새로운 규범과 가치·지식 등을 내면화하는 것을 재사회화라고 한다.

　개인이 스포츠에 참여하여 그 사회의 문화를 체득하고 자신의 특성을 발휘하는 과정을 스포츠사회화라고 한다. 즉, 스포츠를 통해서 특정 가치, 태도, 규범, 행동 등을 학습하고, 개인의 인성과 태도 및 가치관에 변화를 일으키는 과정에서 생기는 사회화를 스포츠사회화라고 한다

　사회화를 보는 관점에는 사회구조가 개인의 사회화에 영향을 미친다고 보는 거시적 관점과 개인 혹은 집단과의 상호 작용에 의해서 사회화가 이루어진다고 보는 미시적 관점이 있다. 거시적 관점에는 기능론과 갈등론이 있고,

미시적 관점에는 상징적 상호작용론이 있다.

기능론적 관점에서는 사회화를 사회 구조의 안정과 질서를 유지하는 데에 꼭 필요한 과정으로 본다. 즉, 사회화를 통해서 사회는 존속·유지되고 동시에 개인은 사회적으로 바람직한 방법으로 욕구 충족을 하며 자아실현을 할 수 있다는 것이다.

갈등론적 관점에서는 사회화를 통해 불평등 구조가 유지된다고 본다. 즉, 기득권을 갖고 있는 집단이 자신들의 지배 체제를 유지하기 위하여 그들에게 유리한 이념을 교묘하게 학습시키고, 피지배집단으로 하여금 자신들이 지배받는 것을 당연하게 받아들이게 함으로써 현재의 불평등한 구조를 정당화하려고 한다는 것이다.

상징적 상호작용론은 개인은 일상의 다양한 상황에서 접하는 타인의 눈을 통해서 사회화되어간다고 본다. 즉, 자신과 접하는 타인들의 반응에 따라서 생각하고 행동하는 것이 바람직한 방향으로 내면화되어가는 과정이 사회화라는 것이다.

07 스포츠와 일탈

1) 스포츠일탈의 개념 및 원인

사회적 규범이나 규칙으로부터 벗어남으로써 사회적으로 비난, 낙인, 불명

예 등을 받게 되는 것을 '사회적 일탈'이라 하고, 스포츠 세계에서의 일탈을 '스포츠일탈'이라고 한다. 일탈은 시간적·공간적·사회적 조건에 관계없이 항상 존재하는 보편적인 현상이다.

(1) 스포츠일탈의 원인

스포츠일탈이 발생하는 원인은 다음과 같다.

- 학생과 선수라는 두 가지 역할 사이의 갈등 때문에 스포츠일탈이 생긴다.
- 승리추구와 페어플레이라는 양립할 수 없는 두 가지 가치를 지향하기 때문에 스포츠일탈이 생긴다.
- 승리한 선수에게만 보상을 많이 주는 경쟁적 보상구조 때문에 스포츠일탈이 생긴다.
- 성공을 위한 욕망과 그것을 제약하는 스포츠 규범이 일치하지 않기 때문에 스포츠일탈이 생긴다.

(2) 스포츠일탈의 특성

스포츠일탈과 사회적 일탈의 차이점을 스포츠일탈의 특성이라고 한다.

규범에는 변하지 않는 절대적인 기준이 있다. 절대적인 기준을 벗어나는 것이 일탈이라고 보는 것이 일탈에 대한 절대론적 접근이고, 어떤 상황이 일어난 환경에 따라 용인될 수 있는 행위의 범위가 다르고 그 범위를 벗어나는 것이 일탈이라고 보는 것이 상대론적 접근이다.

사회적 일탈과 스포츠일탈은 용인되는 범위가 다른 경우가 많다. 예를 들어 복싱시합을 할 때 상대선수가 부상당한 부위를 공격하는 행위는 사회적으로는 지탄을 받는 행위이지만, 스포츠에서는 당연한 행위이다.

스포츠일탈은 그 원인이 다양하기 때문에 스포츠일탈을 다룰 때에는 절대론적 접근과 상대론적 접근이 모두 필요하다.

2) 스포츠일탈 이론—아노미이론

스포츠일탈이 발생하는 원인과 과정을 설명해주는 이론으로 아노미(anomie)이론이 있다. 지배적인 규범이나 가치가 없어서 혼란에 빠진 상태를 아노미 상태라 한다. 아노미 상태에서는 사람들이 무기력해지고, 소외감을 느끼며, 법과 질서를 무시한 채 자신의 이익만을 추구하는 경향을 보인다.

스포츠일탈에서는 승리추구라는 목표와, 그 목표를 달성하기 위해서는 스포츠맨십을 발휘해서 공정하게 경쟁해야 한다는 수단이 일치하지 않기 때문에 생기는 갈등을 아노미라고 한다.

아노미이론에서는 승리추구라는 목표와 공정경쟁이라는 수단이 일치하지 않기 때문에 생기는 갈등을 해소하기 위해서 선수들이 하는 일탈행동을 다음과 같이 5가지 유형으로 분류한다.

■ **동조**……승리하기 위해서 공정하게 경쟁하는 척 하는 것을 '동조'라 하고, 시간끌기와 반칙작전이 동조에 해당된다. 리우올림픽에서 우리나라와 콜롬비아의 축구경기처럼 시간끌기를 하면 규칙을 어기지 아니하였

으므로 일탈이 아니고, 농구경기에서 반칙작전은 규칙을 어겼지만 그에 대한 처벌을 받았기 때문에 일탈이 아니다. 동조는 일탈행동은 아니지만 비윤리적인 행위로 비판받을 수도 있다.

- **혁신**……불법적인 수단을 동원해서라도 승리하려는 것으로 대표적인 일탈행동이다.
- **의례주의**……승리추구에 집착하지도 않지만 최선을 다하지도 않는 것이다. 참여에 의의를 둔다는 아마추어 정신에는 부합되지만 최선을 다하지 않는 것은 공정경쟁에 어긋나는 행동이다. 일탈행동은 아니지만 바람직한 행동도 아니다.
- **도피주의**……승리추구와 공정경쟁을 모두 거부하는 것을 도피주의라 한다. 예를 들어 아예 스포츠경기에 참가하지 않거나 경기 중간에 포기해버리는 것이다. 이것은 일탈행동은 아니지만 스포츠맨으로서 하야할 행동은 아니다. 경기를 하지 않으려면 무엇하려고 선수생활을 하는가?
- **반역(반란)**……승리추구와 공정경쟁의 수용이나 거부와는 관계없이 자신만의 수단이나 방법을 동원하여 새로운 목표를 달성하려고 하는 것이다. 반역은 일탈행동일 수도 있고 사회변혁일 수도 있다

08 미래의 스포츠

미래에는 과학기술이 접목된 새로운 스포츠 종목들이 많이 개발될 것이다.

그 대표적인 예로 E-스포츠가 크게 발달할 것이다. 현재는 젊은이들이 하는 게임 정도로 여겨지고 있지만 앞으로는 E-스포츠의 종목별 세계대회가 많아질 것이다. 비슷한 예로 드론 경기도 많이 발전하게 될 것이다.

스포츠 용기구들의 발달로 세계신기록이 무수하게 갱신될 것이고, 스포츠 규칙도 많은 변화가 올 것이다. 또한 정보통신 기술이 발달되어서 스포츠 관람이 아주 편리해질 뿐만 아니라 고화질의 3D 영상을 자기 마음대로 돌려가면서 볼 수 있게 될 것이다.

대중들이 스포츠와 관련된 정보를 많이 요구하게 될 것이다. 경기 결과보다는 건강과 관련된 정보를 더 많이 요구할 것이다. 지금은 의사의 처방이 중요하지만, 앞으로는 스포츠 전문가의 운동처방을 의사의 처방보다 더 중요하게 여기는 시대가 올 것이다. 자연히 스포츠과학이 대단히 빠른 속도로 발달하게 될 것이다.

Part 14

운동생리학

01 운동생리학이란

운동생리학은 일회적 또는 반복적인 운동으로 초래되는 생리적·기능적 변화와 그 변화의 원인을 설명하는 학문이다. 즉 여러 가지 형태의 운동을 했을 때 인체가 반응 또는 적응하여 운동을 수행할 수 있는 능력과 건강에 미치는 효과를 연구하는 것이 운동생리학이다.

인간이 운동을 수행할 수 있는 능력은 신체를 이루고 있는 각 계통의 기능과 상호 조절기능의 개선이 바탕이 되어 향상된다. 반복적인 운동에 의해 얻어지는 인체의 생리기능과 운동수행능력의 향상은 특정 종목의 기록향상에만 의미가 있는 것이 아니라, 개인적인 차원에서 기능적으로 우월하고 보다 건강한 개체로 살아가는 데 운동이 유용한 수단으로 이용될 수 있다는 것을 뜻한다. 인체의 생리적·기능적 변화는 운동의 특성뿐만 아니라 개인의 내·외적 조건에 따라서도 다르게 나타난다. 예를 들어 근력운동과 심장허파지구력 운동은 인체의 여러 계통에 미치는 영향은 다를 뿐만 아니라, 개인의 성·연령·체력수준은 물론이고 운동을 실시하는 장소의 환경조건에 따라서도 각기 다르다. 그러므로 운동생리학은 필연적으로 다양한 형태의 운동과 그 운동을 실시하는 유기체의 내·외적 환경요인이 갖는 상호관계를 연구영역으로 포함하고 있다.

보건·체육관련 전문가들은 반드시 운동 시 일어나는 인체의 생리적 과정을 이해하고 있어야 한다. 운동생리학을 포함한 여러 분야의 과학적 접근이 경기력 향상을 보장하는 것은 아니지만, 인체의 수행능력을 극대화시키기 위한 최적의 방법을 찾는 데는 크게 도움이 된다.

때때로 전수받은 기술과 경험에 의해서 학생들을 지도해도 어느 정도 성과를 거두는 경우도 있지만, 그것이 최적의 방법이라고는 할 수 없다. 즉 전통적인 기술전수와 경험에만 의존하는 방법은 그 자체가 지도의 중요한 요건이기는 하지만, 지도자 자신의 경험이라는 한정된 범위 내에서만 지도방법이 결정되기 때문에 보다 창조적이고 새로운 방법을 모색할 수 없게 된다.

운동생리학을 통해서 운동 중에 일어나는 인체의 기능적 변화의 원인을 알게 되면 체계적인 지도과정과 새로운 지도방법을 모색할 수 있는 능력을 갖도록 해주고, 지도받는 선수가 선수로서뿐만 아니라 장차 뛰어난 지도자가 될 수 있는 바탕을 마련해준다.

생활체육지도자나 건강관련 분야의 전문가들에게는 보다 포괄적인 건강관련 지식이 요구된다. 왜냐하면 생활체육활동에 참여하거나 전문적인 운동처방을 요망하는 사람들의 가장 중요한 동기는 건강문제이기 때문이다. 생활양식과 식생활이 급속하게 서구화되기 시작한 1980년대 이후부터 고혈압, 비만, 허혈심장병, 당뇨병 등과 같은 만성퇴행성 질환이 크게 증가하였고, 점점 연소화되어가는 경향을 띠고 있다. 그러한 질병을 예방하고 치료하기 위해서는 다양한 환경조건하에서 나타나는 운동에 대한 반응을 이해하고 적용시킬 전문가가 더욱 더 필요하게 되었다

1) 운동의 특이성

운동의 효과는 운동의 종류, 운동하는 시기, 운동하는 방법, 그리고 운동하는 사람의 생리·심리적 상태에 따라서 다르다는 것을 '운동의 특이성'이라고 한다. 운동의 특이성을 설명하는 방법은 여러 가지이다. 앞에서 말한 것은 여러 가지 상황에 따라서 운동의 효과가 다르다는 설명이고, 운동의 효과가 다르기 때문에 어떤 효과를 기대하려면 그런 운동을 해야 한다고 설명할 수도 있다.

예를 들어 근력을 향상시키기 위해 트레이닝을 해야겠다고 결심하였으면 근력을 향상시키는 운동을 해서 근력을 향상시켜야 하고, 지구력을 향상시키려고 한다면 지구력을 향상시킬 수 있는 운동을 해야 한다고 설명하는 것이

다. 또 다른 방법으로는 어떤 운동을 하면 그 운동 특유의 운동효과가 나타나기 때문에 다른 종류의 운동을 해서는 똑같은 결과를 얻을 수 없다고 설명하는 사람도 있다.

한편 에너지원을 이용하여 운동의 특이성을 설명할 수도 있다. 예를 들어 지구력운동을 할 때에는 유산소에너지원을 이용하기 때문에 지구력운동을 하면 유산소에너지 이용능력이 향상된다. 반대로 짧은 시간 동안에 폭발적인 순발력을 필요로 하는 운동을 할 때에는 무산소에너지원을 이용하기 때문에 순발력 운동을 하면 무산소에너지 이용능력이 향상된다.

한편 운동 중에 사용하는 에너지원이 운동의 종류와 운동의 지속시간에 따라서 크게 다르다. 즉 ① 저장되어 있던 ATP, ② 무산소당분해(근육글리코겐), ③ 무산소산화(근육글리코겐, 혈중글루코스, 간글리코겐), ④ 유산소산화(혈중유리지방산, 피하지방의 트라이글리세라이드)의 순서로 이용한다. 또 지속적인 운동일수록 뒤의 에너지원이 주에너지원이 된다.

2) 운동생리학에 관련된 학문

운동생리학과 깊은 관련이 있는 분야로는 운동수행능력의 향상과 합리적인 트레이닝방법을 연구하는 '트레이닝론'과 '운동처방론', 스포츠활동에 적합한 식사의 질과 양을 연구하는 '스포츠영양학', 인체운동의 역학적 법칙을 연구하는 '인체역학', 운동수행의 의학적 측면을 연구하는 '스포츠의학' 등이 있다.

운동생리학과 관련학문 영역

출처 : 정일규(2015). 휴먼퍼포먼스와 운동생리학. 대경북스.

1) 에너지원

모든 동물의 세포에서 직접 사용할 수 있는 에너지원은 ATP 한 가지밖에 없다. ATP는 아데노신(adenosine) 분자 1개에 3개(tri)의 인산(phospate)이 결합되어 있는 물질이며, 인산과 인산이 결합되어 있는 결합밴드 안에 에너지가 저장되어 있다. ATP는 아데노신 1개에 3개의 인산염이 결합되어 있는데, 인산끼리는 높은 에너지결합 형태로 연결되어 있다. 이 결합이 깨지면서 ATP는 ADP와 무기인산염으로 분해된다. 이때 방출되는 에너지는 생리적 일에 직접적으로 사용된다. ATP가 ADP와 Pi로 분해되는 과정에는 아데노신3인산분해효소(ATPase)가 관여한다.

인체는 음식물로부터 얻은 화학적 에너지를 기계적 에너지, 즉 인체의 동작을 일으키는 힘으로 전환시키고, 또 화학적 에너지로부터 생리적인 일(physiological work)을 수행한다. 생리적인 일은 여러 가지 물질분자들의 화학결합에 의해 저장된 에너지로부터 얻어진다. 어떤 물질의 화학결합이 체내에서 일어나는 화학반응에 의해 깨어지면 그 결합 안에 저장되어 있던 에너지가 방출된다. 방출된 에너지 중 일부는 체온을 상승시키거나 유지하는 열에너지로 쓰이고, 나머지는 자유에너지(free energy)로서 생리적인 일을 하는 데 이용된다.

2) 아데노신3인산의 합성과정

근육 안에 저장되어 있는 ATP의 양은 아주 적어서 그것만 가지고는 1초 이상 근육을 수축시킬 수 없다. 그럼에도 불구하고 장시간 운동을 지속할 수 있는 이유는 ADP를 이용해서 ATP를 합성하기 때문이다. 인체가 ATP를 합성하는 방법은 산소가 있고 없음에 따라 유산소과정과 무산소과정으로 구분하고, 무산소과정은 사용하는 연료에 따라서 인원질과정과 무산소당분해과정(젖산시스템)으로 구분한다.

03 영양과 영양소

1) 영양소의 종류와 기능

 탄수화물은 운동을 하거나 활동을 할 때 가장 기본이 되는 에너지원이다. 탄수화물의 섭취량에 따라서 효율성이 결정되는 운동이 많다. 특히, 장거리를 뛰는 운동이나 오랜 시간 동안 운동을 해야 할 때에는 더 많은 탄수화물을 필요로 한다. 탄수화물은 탄소, 수소, 산소 원자로 이루어진 화합물로, 화학식은 $C_6H_{12}O_6$이다.

 탄수화물은 단당류(포도당, 과당, 갈락토스), 이당류(서당, 유당, 맥아당), 다당류(전분, 글리코겐, 셀룰로즈)로 나누어지고, 크게 단순 탄수화물(simple CHOs)과 복합 탄수화물(complex CHOs)로 구분된다.

 단순 탄수화물은 체내에 신속한 에너지 공급을 하는 열량공급원이며, 복합 탄수화물은 미량의 영양소와 섬유소를 많이 함유하고 있는 지속적인 에너지 공급원으로 운동선수들에게 유용하다.

 탄수화물은 인체의 가장 중요한 에너지원으로 1g당 4kcal의 열량을 내며 단당류로 흡수된다. 흡수된 당은 대부분 간에서 글리코겐으로 합성되어 저장되고 일부는 순환하는 혈액에 들어가 글루코스로 전환되어 근육조직에 운반되어 에너지로 연소된다. 또한, 섭취한 탄수화물의 많은 양은 지방으로 전환되어 저장되거나 저장대사에 참여하게 된다. 글리코겐은 유·무산소적 해당과정에 의해 에너지를 얻게 되는데, 무산소성 해당과정에서 생성된 젖산은 조직에서 혈중으로 방출되고, 일부는 간에서 다시 글리코겐으로 합성된다.

2) 지방

지방은 가장 칼로리가 높고 운동시 중요한 에너지원으로 활용된다. 지구력 운동을 많이 한 사람은 보통 사람보다 운동할 때 지방 의존도가 크다.

지방은 위와 소장에서 분해·흡수되고, 흡수 후 재차 지방으로 합성된다. 그리고, ① 지방조직에 들어가 저장용으로, ② 근육 등에 들어가 에너지원으로 활용되거나, ③ 조직의 구성재료로 이용된다. ③번의 지방은 체구성지방이라 불린다. 저장지방은 피하, 장간막, 위장 주위에 많이 분포하고, 내장과 척추 등을 보호하고, 신체를 추위로부터 보호하며, 극한시(특히 기아)의 운동시에 에너지원으로 활용되기도 한다. 체구성지방은 세포막과 신경조직, 호르몬 등의 구성요소로서의 역할을 수행한다.

지방은 글리세롤과 지방산으로 구성되며, 지방산은 구조상의 특징에 따라 포화지방산과 불포화지방산으로 분류된다. 지질의 섭취는 1일 총에너지 섭취량의 30% 이내로 억제하는 것이 좋으며, 특히 포화지방산은 지방 섭취의 30% 이내로 하는 것이 바람직하다. 포화지방산은 동맥경와 등의 원인이 되는 혈장 콜레스테롤의 증가를 가져오고, 반대로 불포화지방산은 이를 억제하는 효과가 있다.

보통 불포화지방산은 식물의 종자유에 많고, 포화지방산은 동물성 기름에 많이 함유되어 있다. 불포화지방산의 하나인 리놀산은 생체 내에서 합성되지 않으며, 생체기능의 유지(피부를 포함하여 소모된 세포의 재구축)에 유익하기 때문에 총에너지섭취량의 1~2%에 상당하는 양을 반드시 섭취하여야 한다.

3) 단백질

단백질은 근육을 형성하는 영양소이다. 운동을 하는 사람은 보통 사람보다 많이 필요하고, 다이어트시에도 충분히 섭취해야 한다. 칼로리 섭취가 줄어들게 되면 체내에서 단백질 손실이 크기 때문에 반드시 섭취해야 한다. 단백질은 장거리 선수보다는 단거리 선수들에게 더 많이 필요하다. 하지만, 대부분의 운동 선수들은 하루에 체중 1kg당 2g 정도만 섭취하면 충분하다.

단백질은 여러 종류의 아미노산이 서로 결합하여 사슬의 입체구조로 되어 있다. 단백질은 신체조직을 형성하는 성분이며, 1g당 4kcal의 열량을 낸다. 단백질은 효소·호르몬·항체를 형성하고, 체액의 균형을 유지시켜 준다. 산과 염기의 균형을 위한 조절작용을 하고 여러 영양소와 결합하여 영양소를 필요로 하는 세포까지 운반해주는 역할을 한다. 에너지원으로 사용될 때는 1~2% 이상 공급되지 않는데, 극심한 피로나 기아상태에서는 약 12%까지 동원된다. 이러한 단백질의 에너지화는 뇌손상을 일으킬 수 있으므로 탄수화물과 지방을 충분하게 공급하여 단백질이 신체조성 및 단백질만이 할 수 있는 대사기능을 위해 사용되도록 해야 한다.

단백질은 아미노산으로 구성되어 있으며, 그 아미노산에는 다른 20종류의 물질이 존재한다. 섭취된 단백질은 위와 소장에서 아미노산으로 분배·흡수되어 간장으로 운반된다. 간장으로 운반된 아미노산은 그대로 혈액 속으로 재방출되거나 단백질로 재합성된다. 간장에서 재합성된 단백질은 필요에 따라 아미노산으로 분해되어 혈액 속으로 방출되어, 각 조직에서 단백질 합성의 재료로 사용된다.

생체 내에는 20종의 아미노산 조합에서부터 무한에 가까운 종류의 단백질이 합성된다. 20종류의 아미노산 중 필수아미노산으로 불리는 8종류의 아미노산은 생체 내에서 합성되지 않기 때문에 반드시 음식물로 섭취하여야 한다.

4) 비타민

비타민은 에너지를 발생하지 않고 인체를 구성하지도 않으며, 필요량이 극히 적지만 생명유지, 성장, 생식 등 정상적인 생리적 작용을 수행하는 데 없어서는 안 되는 유기화합물로, 체내에서는 합성되지 않고 음식물을 통해 섭취해야 한다.

비타민은 물에 녹느냐, 아니면 지방에 녹느냐에 따라 크게 수용성 비타민과 지용성 비타민으로 구분할 수 있다. 수용성 비타민에는 비타민 B군(B_1, B_2, 나이아신, 판토텐산, 폴릭산, B_6, B_{12}) 및 비타민 C가 있다. 이는 신선한 상태로 섭취해야 하며, 저장 또는 조리과정에서 쉽게 파괴되는 경향이 있다. 수용성 비타민의 과량섭취는 소변으로 배출되므로 매일 적당한 양을 섭취하는 것이 바람직하다. 반면, 지용성 비타민은 비타민 A, D, E, K 등이 있으며, 소장에서 지방과 함께 흡수된다. 지용성 비타민을 과량섭취하면 체내에 저장되어 독소를 발생시켜 위험적 요소를 제공한다.

5) 무기질

무기질들을 탄수화물, 지방, 단백질의 분해과정에 보조인자로 작용하여 에너지 대사속도에 영향을 줄 수 있다. 또한, 무기질 중에는 신경자극의 전달에 관여하거나 산-염기 평형에 관여하기 때문에 경기력과 밀접한 관계를 가지는 것도 있다.

그러나, 무기질은 체내에 저장이 가능하므로 균형잡힌 식사 이외의 무기질의 과다복용은 운동수행에 별다른 영향을 주지 않는다는 것이 일반적인 결론이다. 특히 나트륨과 칼륨의 과다복용은 오히려 운동수행에 나쁜 영향을 줄 수도 있다. 나트륨과 칼륨은 신경자극을 전달하고 세포 내의 능동수송에 없어서는 안 되는 중요한 무기질인데, 장시간 무더운 환경에서 운동하면 땀과 함께 체외로 배출되기 때문에 염분을 따로 보충해야 한다는 생각으로 과다복용하기도 한다. 한편, 땀은 체액보다 염분농도가 낮은데, 이러한 현상은 고온다습한 환경에 잘 적응된 운동선수들에게는 더욱 현저하다. 땀을 많이 흘리면 수분손실이 전해질손실보다 더 많아져 발한과 함께 혈액은 점점 고장액이 되어 삼투압이 증가하고 점성이 커져 혈류속도를 감소시키며, 그로 인해 심장박동수가 증가하여 순환기계에 큰 부담을 줄 수 있다. 그러므로 운동 중에는 이들 전해질을 섭취하지 않고 수분만 섭취하는 것이 바람직하다.

또한 운동 중에 탄수화물이나 기타 영양물질을 공급할 때에는 나트륨도 공급해야 하는데, 이는 나트륨이 장관 내의 능동수송에 관여하고 영양물질의 빠른 흡수를 돕기 때문이다. 따라서, 고온에서 장시간 운동으로 4~5kg의 수분 손실시 물 1ℓ에 소금을 1/3 티스푼 타서 보충하면 된다

6) 수분

가장 중요하지만 가장 소홀하게 대하기 쉬운 것이 수분이다. 사실 운동시 가장 중요한 것 중에 하나가 수분섭취이다. 인체의 2/3가 물로 구성되어 있는데, 물의 양은 연령, 성별, 체지방의 함량에 따라 차이가 나며, 남자성인의 경우 체중의 약 60%, 여자는 50~55%, 유아는 75% 이상, 체지방이 많은 사람은 40% 내외로 분포되어 있다.

체내의 물은 에너지를 공급하지는 못하지만, 건강과 생명유지에 필수적이다. 수분이 약 10% 가량 소실되면 활동에 어려움이 있고, 20% 이상 소실되면 죽음에 이르게 된다. 물은 세포원형질을 형성하는 기본물질로 신체 내의 삼투압조절과 전해질의 적절한 평형을 유지한다. 신체내의 물질운반기능과 함께 체온조절과 산·염기의 평형유지 역할을 한다.

수분은 일상생활에서 음료수(1일 800~1,600㎖)와 식품(1일 600~700㎖), 그리고 대사과정에 의한 산화수, 즉 에너지 생성을 위한 화학반응시 생성되는 물(약 300~400㎖)로 섭취하는데, 정상적인 환경온도와 활동수준에

서 1일 약 2,000~2,500㎖가 필요하다.

반대로, 수분 배출은 소변(1,000~1,500㎖), 피부를 통한 증발(약 500~700㎖), 호흡시 증발(1일 약 250㎖), 그리고 대변(100~200㎖, 설사시 1,500~5,000㎖) 등으로 이루어진다

04 운동과 식이

영양과 운동수행은 밀접한 관계가 있다. 운동수행능력은 개인의 선천적 능력과 트레이닝 그리고 섭취한 음식물의 종류, 섭취시기, 섭취형태에 따라 차이가 난다. 특히 운동선수들은 경기의 수행시간, 경기형태 등을 고려한 식이요법과 음식물 개발에 주의를 기울여야 한다.

1) 운동 전 식사

운동 전 식사가 운동경기에 어떠한 영향을 주는가는 확실한 증거를 갖지는 못했지만, 운동강도가 높거나 장시간 계속되는 종목에서는 운동능력에 영향을 줄 수 있다. 운동 전 식사의 목적은 시합 동안 선수에게 필요한 에너지와 수분을 충분히 보충하는 데 있다.

시합 전의 식사에서 고려할 사항은 다음과 같다.

첫째, 선수가 좋아하는 음식을 섭취하거나 경기력 향상에 도움이 된다고

믿고 있는 음식을 제공하는 것이 좋다.

둘째, 식사내용이다. 고탄수화물, 저지방, 저단백질 식사를 권장하는데, 그 이유는 지방은 소화흡수에 많은 시간이 소요되어 시합 중에도 위와 소장에 부담을 줄 수 있기 때문이다. 또한, 고단백질은 단백질의 대사과정 중에 수분을 많이 필요로 하여 운동 중에 갈증을 비롯한 탈수현상을 초래할 수 있으며, 대사열이 많이 발생하므로 특히 더운 날에는 운동수행에 나쁜 영향을 미친다. 그리고, 가스를 생성하는 식품이나 향료성분이 든 식품, 부피가 큰 식품 및 알콜이 포함된 음식 등은 위장관의 소화관장애를 유발시킬 수 있으므로 피하여야 한다.

셋째, 고탄수화물식은 복합당의 형태로 섭취해야 한다. 경기 중에는 체내의 탄수화물 저장량이 경기수행력 향상에 관건이 되는 경우가 많으므로 혈당을 장시간 유지하기 위해서는 고탄수화물식(총열량의 60~70%를 제공)을 해야 한다. 또한 탄수화물은 소화와 흡수가 용이하여 에너지 이용을 빠르게 할 수 있을 뿐만 아니라, 시합 전에 위와 소장을 비우므로 운동 중 내장으로 가는 혈류량을 최소화할 수 있다.

넷째, 소금의 과잉섭취는 혈액의 삼투압을 증가시켜 세포내액을 혈액으로 유입시킬 수 있기 때문에 저염식을 권장한다.

다섯째, 식사시간은 경기 전 2~4시간 사이에 하는 것이 바람직하며, 그 양은 500kcal 정도가 적당하다. 운동 중에는 혈액의 재분배가 일어나 내장으로 가는 혈액이 거의 대부분 근육으로 간다. 따라서, 위나 장에 음식물이 남아 있으면 혈액의 재분배도 원활하지 않고 위장관에 장애가 발생하게 된다.

따라서, 소화와 흡수에 필요한 시간을 충분히 주어야 한다.

2) 운동 중 식사

운동 중에 음식을 섭취하는 것은 쉽지 않다. 특히, 운동 중에는 땀에 의해 수분이 많이 소실되므로 우선 수분공급에 중점을 두어야 한다. 또한, 운동 중 식사는 운동형태에 따라 다르다. 100m 달리기와 같은 단시간에 폭발적인 힘을 발휘하는 종목은 경기 전의 영양상태가 정상이라면 경기 중의 영양이 경기 결과를 좌우하지는 않는다.

반면, 장거리 달리기나 축구같은 장시간 경기에서의 운동수행력은 경기 중에 제공되는 영양과 관련이 깊다. 경기 중에 제공되는 식사는 운동 중에 필요한 탄수화물과 수분 공급이 가장 중요하다. 장시간 지속되는 운동에서는 유동식을 제공하는데, 위에서 빠르게 소장으로 넘어갈 수 있는 음식물을 선택하여 소량(100~300㎖)을 15~20분 간격으로 제공하는 것이 바람직하다.

하루에 여러 번 경기에 참여하는 종목인 육상, 복싱, 레슬링 등은 경기와 경기 사이의 영양섭취가 매우 중요한 관심사이다. 이들 종목은 선수들이 경기와 경기 중간에 식사를 할 시간적 여유가 없을 뿐만 아니라, 식욕마저 없기 때문에 일반적인 고체상태의 음식물을 섭취하기 힘들다. 그러나, 운동 중에 많은 에너지를 소모하고 하루 종일 식사를 하지 않은 채 경기를 계속할 수 없기 때문에 유동식을 섭취하도록 한다. 유동식은 소화와 흡수가 빠르기 때문에 경기와 경기 사이의 간격이 불규칙한 이들 종목에 매우 유용하다. 이들 종목의 유동식 섭취량은 1회 식사당 250~500kcal를 제공하는 것이 에너지 보충과 수분공급을 위해 바람직하다.

3) 운동 후 식사

운동 후 식사는 회복기의 에너지대사에 중요한 역할을 한다. 운동 후 식사에는 영양학적으로 두 가지를 고려하여야 한다.

첫째는 수분의 보충이다. 보통 경기 당일 아침에 체중을 측정한 다음 경기 후에도 다시 체중을 측정한다. 감소된 체중의 대부분은 수분손실이므로 수분 보충을 위해 충분한 양의 물을 섭취하여야 한다.

둘째는 간과 근육에 저장된 글리코겐의 회복이다.

운동강도와 PCr의 소모는 밀접한 관계가 있다. 강도가 높을수록 근육에 필요한 ATP를 재합성하기 위한 더 많은 PCr이 요구된다. 이것은 ATP-PCr의 보충에 따른 회복기 산소소모량이 커지므로 식사에 따라 영향을 받기 보다는 산소보충량에 기인한다고 할 수 있다.

반면 글리코겐의 보충양상은 ATP-PCr의 보충과 차이가 있다. 운동 후 고갈된 근육의 글리코겐은 수행한 운동의 형태와 회복기 중에 섭취한 탄수화물의 양에 따라 보충되는 시간은 달라진다. 즉, 낮은 강도로 장시간 수행한 경우와 높은 강도로 단시간 수행한 경우에 글리코겐의 회복시간이 달라지며, 탄수화물섭취 유무에 따라서 크게 차이가 난다.

Part 15

여가 레크리에이션

01 여가의 개념

우리 사회는 노동 중심의 사회로부터 여가중심의 사회로 패러다임이 변화하고 있다. 여가사회학자들은 후기산업사회의 이러한 현상을 '여가사회' 또는 '여가산업사회'라고 부르고 있다(조민구, 2015).

여가란 단어가 일상생활에서 자주 사용되기 시작한 것은 그리 오래된 것은 아니다. 여가는 영어의 leisure를 번역한 것으로 그 어원(語源)은 라틴어의 'otium(아무 것도 하지 않는, 소극적 행위)'과 혹은 'licere(허용된 활동, 자유로워지는 것)'와 그리스어의 'schole(자기 교양을 높이는 적극적 행위, 배우다)'라는 의미로부터 출발하였다. 스콜레(schole)는 영어의 school 또는

scholar란 말로 발전되었다.

미국의 여가학자 크라우스(Richard Kraus, 1971)는 아리스토텔레스의 여가론에 관련지어 다음과 같이 설명하고 있다.

여가란 말은 고대 그리스의 schole에서 유래하고, scho‥le는 leisure 또는 education과 밀접한 관계를 가지고 있다고 볼 수 있다. 본디 scho‥le는 직접적으로 leisure의 의미를 가지고 있는 것과 동시에 '학문적인 토론의 장(場)'이란 의미도 내포하고 있다. 그런 토론의 장은 아폴로(Apollo) 신전(神殿)의 《Lykos의 이웃의 숲》이라고 하는 곳에 있었다. 그곳은 나중에 lyceum으로 알려지게 되었다. 여기서부터 프랑스어의 lycee가 파생되기도 하고 영어의 school을 의미하기도 하였다.

프랑스의 대표적인 사회학자 둠마제디에르(Joffre Dumazedier, 1968)는 "여가를 근로자의 일상생활에서 중심적 요소로 간주하고, 노동·가족·정치에 관한 모든 문제와 깊고 미묘하게 결합되어 있기 때문에 그런 문제들을 새롭게 정립함과 동시에 개선해 나가지 않으면 안 된다"라고 주장했다. 그리고, 여가는 개인이 직장과 가정·사회에서 부과된 의무로부터 해방되었을 때, 휴식 및 기분전환을 위하여 이익과는 무관한 지식과 능력의 양성, 자발적인 사회참여, 자유로운 창조력을 발휘하기 위하여 스스로 행하는 활동의 총체라고 규정짓고 있다.

또한, 미국의 리딕(Carol Culter Riddick, 1986)은 "성인의 정신적 건강은 건전한 여가활동을 통해서 얻어지는 만족도에 따라 크게 좌우된다."고 주장하여 개인의 여가활동의 중요성을 강조하기도 했다.

캐니어스와 몽텔파르(Michael A. Kaniers & William J. Montelpare, 1994)는 "여가는 자기 자신을 위해서 행해져야 하며, 또한 그것을 즐기기 위해서 반복하여 행하는 행위다."라고 하였다.

이에 대해 사회학적인 관점에서 여가를 관찰한 켈리(John R. Kelly, 1990)는 여가를 아래 그림과 같이 설명하고 있다. 그리고, 베어드와 라게브(Jacob G. Beard & Mounir G. Ragheb, 1980)는 "여가활동은 개인의 참가 여부에 관계없이 자유선택으로 이루어지는 의무적 활동 이외의 활동"이라고 규정하여 개인의 여가활동에 대한 여가만족척도(Leisure Satisfaction Scale)를 개발하기도 했다.

여가의 정의

이와는 반대로 아이소 알라와 베싱거(Seppo E. Iso-Ahola & Ellen Weissinger, 1990)는 이론과 경험에 기인한 여가에 대한 짜증·싫증·지루함 등의 개념구조를 파악하고, 여가의 지루함에 대한 조사표를 작성했다. 그리고 이것은 여가에 있어서 부정적인 기능의 검증과 치료적·실용적 상황에 적절히 이용될 수 있다고 주장했다.

이렇게 지금까지 논해져 왔던 여가에 대한 이론을 여가행동과 접목시켜 고려해 보면 여가행동에 대한 기본구조를 나타낼 수 있다.

한편, 여가활동을 즐긴 후의 결과는 개인의 만족도에 따라 표현될 수 있다. 즉, 높은 만족도(요구, 기대에 대한 충족)는 개인의 여가활동에 적극적 영향요인으로, 이와 반대로 낮은 만족도(지루함, 싫증)는 소극적 영향요인 또는 활동을 멈추게 하는 요인으로 설명할 수 있다. 이것은 또한 개인의 여가활동의 주관적 조건으로 생각할 수 있다.

그리고 사회적·경제적·정치적·문화적 요인 등의 객관적 조건의 지원에 따라 개인의 여가활동유형이 달라진다고 볼 수 있다. 따라서, 만족도가 높으면 높을수록 적극적인 여가활동을 즐길 수 있다고 할 수 있다.

여가에 대해 많은 관련학자들이 논해왔지만, 이렇다 할 사전적인 정의는 내리기 어렵다. 이것이 여가가 가지고 있는 특징이라고도 할 수 있겠다. 생각하는 관점에 따라 그 견해가 달라지는 것은 마치 다양한 모양을 지닌 도형처럼 어느 부분을 자르느냐에 따라 그 단면도가 달라지는 것과 같다. 그렇지만 그 본질적인 요소는 달라지지 않는다. 여기에서는 지금까지 논의되어 왔던 여가의 개념을 다음 표와 같이 분류해 보았다.

우리나라는 주5일 근무제 실시 등으로 인하여 '여가의 올바른 활용'이라는 것이 피할 수 없는 숙제가 되었다. 청소년들의 학교와 가정으로부터의 일탈행위, 늘어나는 이혼율과 가정파괴 등의 사회 현상은 여가의 부정적 산물이다.

이제는 여가에 대해 사회·경제·정치·문화적인 차원에서 적극적인 지원이 이루어져야 하며, 이를 올바로 이끌어나갈 전문적인 인력의 양성도 절실히 필

여가의 개념

구 분	특 징	관련 학자
시간개념으로서의 여가	생물적 생존과 사회적 생존시간 이외의 시간이다.	Alexander Szalai Sebastian De Grazia Jack L. Kentsch
활동개념으로서의 여가	여가는 구속되지 않고 자발적으로 행하는 활동이다.	Chales Brightbill W. Sutherland M. H. Neumeyer
의식개념으로서의 여가	여가는 정신이나 마음의 상태이다.	John Neulinger Seppo E. Iso-Ahola Mounir G. Ragheb
총체적 개념으로서의 여가	여가는 다양한 사회적 상황의 장면에서 발견되는 종합적인 것이다.	Joffre Deumazedier Max. Kaplan John Kelly

요하다.

02 레크리에이션의 개념

레크리에이션이란 말은 어디에서 왔을까? 영어의 recreation은 문헌에 의하면 라틴어의 re-creare로부터 파생되어 recreatio를 거쳐서 프랑스어의 recreacion으로, 이것이 다시 중세 영어인 recreation이 되었다고 전해지기도 하며, 한편 라틴어의 recreatio에서 중세 영어의 recreation이 되었다고도 한다.

본래의 의미로는 re(再), create(創造), 즉 재창조(再創造)의 의미로 표현되었다고 한다. 따라서, 개조나 재창조 혹은 새롭게 만든다는 뜻으로 출발하였으며, 피로회복과 재생을 위한 기분전환을 의미하기도 한다. 레크리에이션이란 단어가 영어로서 처음 사용된 것은 1390년으로 "식사를 같이 하는 것에 의해 기분을 새롭게 하는 것"을 의미했다고 한다.

그리고, 레크리에이션이란 단어가 교육상의 중요한 용어로 처음 쓰였던 것은 1657년 근대 교육학의 아버지라고 불리는 보헤미아(지금의 체코)의 철학자 코메니우스가 그의 저서『대교수학(大敎授學)』중에 "일정한 학습시간 후에 정신의 피로회복을 위해 쉬는 시간이 필요하다."고 지적하면서 수업과 수업 사이의 휴식시간을 레크리에이션이라고 불렀던 것이었다. 즉, 수업과 수업 사이의 휴식시간을 단순한 공백시간이 아니라 수업에서 오는 피로를 회복하고 다음 수업을 위한 활력을 준비하는 중요한 시간으로 간주했던 것이다.

이렇게 레크리에이션은 근대적인 학교에서부터 그 뜻이 사용되어 왔다고 말할 수 있다.

그 후 레크리에이션은 휴식시간에 하는 여러 가지 기분전환 활동을 포함하는 의미로 쓰였다. 근대적인 공장노동의 확대와 함께 레크리에이션은 학교의 학생들뿐만 아니라 공장과 사무실에서 일하는 노동자들의 휴식과 기분전환을 보장하는 활동으로 간주하게 되었다. 국제노동기구(ILO)가 1949년에 채택한 '노동자의 레크리에이션에 관한 권고'에는 노동시간의 제한과 함께 여가활용을 위한 레크리에이션 조건정비의 필요성이 강조되어 있다.

미국에서 레크리에이션이란 용어를 사회적으로 정착시키고 공식적으로 사용하게 된 움직임의 하나는 1906년 당시 청소년 비행화(非行化)가 하나의 큰 사회문제로 나타나 제26대 루즈벨트 대통령이 미국 곳곳에서 청소년 문제에 관여하는 전문가·학자·지도자들을 소집하여 워싱톤의 백악관 회의를 개최하고 청소년 비행방지대책을 협의한 것이 발단이다.

이 회의의 결론은 "미국 전체에 아동 유원지를 개설하는 동시에 전문지도원을 배치해야 한다."라고 내려졌다. 이러한 결정에 의해 1906년 여름 이후 아동운동장협회(Play Ground Association)가 설립되고, 그 후 1911년에는 아동 운동장 및 레크리에이션협회(Play Ground and Recreation Association)라 개칭되었다. 이때부터 미국에서 레크리에이션이란 단어가 공식적으로 사용되었다.

레크리에이션이란 단어는 현재 여러 가지로 사용되고 있지만 레크리에이션을 한 마디로 정의하기는 매우 어렵다. 그 이유는 레크리에이션이란 말이 단순히 외래어이기 때문이 아니라, 한 개인이 하는 어떤 활동이 레크리에이션인지의 여부를 판단하는 것은 레크리에이션의 표면에 나타나는 단순한 활동 문제가 아니며, 오히려 동기(motivation)와 태도(attitude)의 문제이기 때문이다. 이것은 다시 단순한 이유나 근거에 의해 레크리에이션 여부를 결정지을 수 없는 측면을 가지고 있고, 또한 그 점이 오늘날 레크리에이션에 대한 오해를 야기시키고 있는 요인이 되고 있다.

허친슨(I. L. Hutchinson)은 "레크리에이션은 가치 있고 사회적으로 수용될 수 있는 경험으로 그 활동에 자발적으로 참가하는 개인에 직접적으로, 또는 고유한 만족을 주는 경험이다."라고 말해 레크리에이션의 경험적 가치를 강조했다.

일본 치료레크리에이션 분야의 권위자인 스즈키(鈴木秀雄)는 "레크리에이션을 단순한 놀이(mere play)로부터 창조적 활동(creative activity)을 포함한 일련의 확대(spectrum)로서 여가 중에 행해지고 자유롭게 선택되어 즐기는 것을 주요 목적으로 하는 활동·경험의 총체"라고 규정했다.

그 후 레크리에이션의 많은 관련학자들은 그 본질과 개념을 파악하려고 노력해왔다.

이와 같이 시대와 사회의 변화에 따라 레크리에이션도 그 개념을 조금씩 달리 해왔다. 그렇지만 레크리에이션이 내포하고 있는 본질은 변하지 않는다. 따라서 그 개념은 "개인의 윤택하고 밝은 생활을 영위하기 위해 주체적으로 여가를 창조하고 즐기며 다시 여가를 어떻게 하면 잘 보낼 수 있을까를 발견하고 경험하려고 하는 행위가 레크리에이션이다."라고 말할 수 있다. 즉, 레크리에이션은 개인이나 집단 또는 조직의 유무에 관계없이 여러 가지 경험이나 활동을 통해서 실현될 수 있는 것이다. 또한, 여가를 유용하고 보람 있게 보내고 싶다는 가치적 의미가 포함되어 있는 것이 레크리에이션을 존재하게 하는 이유라고 할 수 있다.

만일, 레크리에이션으로부터 가치적 측면을 완전히 무시한다고 하면 레크리에이션의 본질적 의미를 상실시키는 것이 된다. 레크리에이션은 그 가치적 측면에 중점을 두어야 하고, 더욱이 사람의 태도와 살아가는 생활방식의 관계를 고려하지 않으면 안 된다.

03 놀이 이론

1) 요한 호이징가의 《호모루덴스》

놀이의 문화사적 연구에 초점을 맞춘 네덜란드의 문화사가 요한 호이징가(Johan Huizinga, 1872~1945)는 1933년 "문화에 있어서 놀이와 진지함의 경계에 대하여"라는 주제로 강연을 했으며, 이 주제는 이후 1938년에 호모루덴스(Homo Ludens, Man the Player: 놀이하는 인간)라는 저서에서 다시 조명되면서 더욱 발전하게 되었다. 호모루덴스는 국내에서 '놀이의 인간', '유희하는 인간' 등으로 해석되어 다수의 번역서로 출간되었다. 호이징가는 "인간은 놀이를 통해 사회질서를 만들어가는 본질적 속성을 가지고 있다."고 했으며, 놀이는 문화의 한 요소가 아니라 문화 그 자체가 놀이의 성격을 지니고 있다고도 하였다. 그동안 놀이가 문화 속에서 발생하는 것으로, 문화를 상위개념으로 취급하였으나 호이징가는 이러한 전통적 견해를 뒤집고, 문화는 원초부터 놀이로서 시작되며 놀이 속에서 놀이로서 발달한다는 획기적인 주장을 하였다. 그의 놀이에 대한 견해의 특징은 놀이가 갖는 대립적인 성격에 주목하고 놀이와 경기의 근원적인 관계를 인정하는 데 있다.

그는 놀이에 몰두하며 자연스럽게 창의성과 상상력을 갖추게 된 놀이적 인간을 호모 루덴스라 명명했으며, 르네상스 시대도 호모 루덴스가 창조한 것으로 보았다.

최근 웰빙(well-being)과 힐링(healing)이 사회적 관심을 주도하고 있으니, 그의 예견대로 현대 후기산업사회를 '호모루덴스 시대'라고 할 수 있다. 잘 놀고 자신의 취미를 즐기는 사람이 대세인 시대이다. 잘 놀고 자신의 취미를 즐기는 사람들은 대인관계도 좋으며, 모임에서 인기를 끌기 마련이고 성공할 가능성도 그만큼 높다고 할 수 있다.

2) 로제 카유아의 《놀이와 인간》

로제 카유아(Roger Caillois)의 《놀이와 인간(Les jeux et les hommes)》은 호이징가의 호모루덴스를 확대 재해석한 저서로 보인다. 프랑스의 대표적인 사상가 카유아는 놀이와 문화의 상관관계에 주목하고, 놀이의 영역을 경쟁·운·모방·현기증이라는 독창적인 분류를 통하여 문화의 발달을 고찰하였다. 《놀이와 인간》에서 카유아는 놀이를 하는 '정신'은 높은 수준의 문화 활동을 하게 하는 원동력이 될 뿐만 아니라, 개인의 지적 발달과 정신교육에서 중요한 기능을 한다고 보았다.

카유아는 놀이의 정신은 창조력의 원천으로 문화 발전을 위한 토대라는 점을 강조하고, 놀이만큼 인간을 평등하게 만드는 것은 없다고 보았다. 놀이를 하는 인간은 상호간 일체감과 해방감 그리고 즐거움과 카타르시스를 느끼며 구속과 제약에서 벗어날 수 있다. 가면을 쓴 채 가면의 주인공이 되기도 하고, 환상과 꿈에 젖어 잊고 지냈던 과거의 향수를 음미하기도 한다.

놀이는 인간의 삶을 확인시켜 주는 것으로 생존에 꼭 필요한 것이다.

3) 놀이의 분류

카유아는 놀이의 속성에 따라 아곤(Agon), 알레아(Alea), 미미크리(Mimicry), 일링크스(Ilinx) 그리고 놀이가 가진 규칙성의 유무에 따라 파이디아와 루두스 등의 개념들을 설명하였다.

(1) Agon(경쟁)

아곤은 규칙에 따른 경쟁 놀이로서 경쟁을 통해 인정받으려는 인간의 욕망이 표현되는 놀이이다. 경쟁을 통하여 만족을 얻기 위해서는 지속적인 연습과 노력, 승리하고 자하는 의지 등을 갖추어야 한다.

바둑, 체스, 사냥, 퍼즐놀이, 스포츠 등이 여기에 속하며, 규칙과 판정이 무시될 때 경쟁에 내제된 근원적 이기심과 난폭성이 드러나며, 이는 승부조작이나 폭력 등으로 나타나기도 한다.

(2) Alea(운)

알레아는 규칙은 있으나 의지가 반영되지 않는 것으로, 경쟁놀이와 달리 전혀 영향력을 행사할 수 없는 결정에 기초하는 우연 놀이이다. 아곤(경쟁)의 경우 경쟁자들 간의 기회를 평등하게 하는데 초점을 둔다면, 알레아(운)는 '운'을 기대하면서 놀이에 끊임없이 몰입하게 하도록 하고 쾌감을 느끼게 한다. 우연놀이는 행운을 바라는 기대심리로 강한 중독성을 갖게 한다.

복권, 카드게임, 주사위놀이, 제비뽑기 등으로, 미리 결과를 알고자 하는 유혹에서 생겨나며, 이는 사기도박이나 미신 등에 중독되는 등 부정적 영향을 주기도 한다.

(3) Mimicry(모방)

미미크리는 모방하거나 가장하여 흉내 내고 싶은 의지를 반영하는 놀이이다. 가면을 쓰거나 가장하고 있다는 사실 자체와 그로 인해 일어나는 결과가 즐거움을 일으키는 것이다. 일시적으로 다른 인물이 되어보는 것으로, 허구적인 공간에 있거나 가상 인물이 되는 것 자체를 즐기는 것이다. 가면무도회, 연극, 소꿉놀이 등이며, 모방된 역할을 현재의 자신과 구분하지 못해 생겨나는 광기로 현실세계와 가상세계를 구별하지 못하는 것으로 게임중독, 다중인격 등의 부작용으로 나타나기도 한다.

(4) Ilinx(현기증)

일링크스는 규칙이나 의지와 무관하게 일시적으로 지각의 안정을 파괴하고 기분 좋은 패닉 상태를 일으키려는 놀이이다. 일상적인 사고의 패턴이 일시적으로 벗어날 때, 순간적으로 느끼는 아찔함과 같은 것이다. 운(Alea)의 정도가 클 때도 일링크스 현상이 발생한다. 회전목마, 공포영화 감상, 롤러코스터, 그네타기, 번지점프 등의 회전낙하운동과 공중서커스가 여기에 속하고, 지나치게 심취할 때 현실도피의 수단으로 이용되며, 마약, 알콜중독 등의 부작용으로 나타나기도 한다.

(5) Paidia(놀이)

파이디아는 통제하지 않은 일시적인 기분의 표출로서 기분전환, 소란, 자유로운 즉흥, 대범한 발산 등의 원리가 작동하는 행위다. 난장 같은 축제, 몸 가는 대로 추는 춤, 놀이공원의 공중열차 등을 통해서 느낄 수 있는 재미가 여기에 속한다고 할 수 있다.

(6) Ludus(게임)

루두스는 결과에 이르기 위해서 변칙들을 계속 만들어내고 이를 더욱 어렵게 만들어서 불편하고 힘들게 하며 장애물을 극복하는 놀이로, 운동경기, 서커스, 바둑이나 체스 등이 여기에 속한다.

04 유머치료

웃음치료는 넓은 의미에서 개념적으로 유머치료(therapeutic humor)와 같은 의미를 가질 수도 있고 좁은 의미에서는 신체적으로 웃도록 사전 준비된 프로그램에만 한정지을 수도 있다. 서양의 'therapeutic humor'가 우리나라에서는 '웃음치료'라는 명칭으로 일반적으로 사용되고 있다.

1) 유머치료의 정의

미국의 '응용 및 치료적 유머협회'에서는 '유머치료(therapeutic humor)'의 정의에 대해 '일상 생활사에서의 부조화나 모순을 즐겁게 발견하고 표현하거나 느끼도록 고무함으로써 건강과 안녕을 향상시키는 모든 개입'으로 정하고 있다. 그리고 이러한 개입은 "신체적, 감정적, 인지적, 영적으로든지 치유와 대처 능력을 증진시킴으로써 건강을 향상시키거나 질병에 대한 보완적인 치료 방법으로 사용될 수 있다."고 기술하고 있다.

2) 유머치료의 방법

유머와 웃음 프로그램은 기관이나 경험 등에 따라 다음과 같이 다양한 방법으로 시행될 수 있다.

(1) 유머 치료(humor therapy)

웃음의 심리적 효과에 초점이 있으며 그룹을 대상으로 실제 이야기를 소재로 따뜻하고 해학적인 소설을 함께 낭독하거나 자신의 경험을 나누는 세션을 통해 삶의 보다 밝은 면을 조명하고 유머를 찾도록 상기시킨다.

(2) 웃음치료(laughter theraphy)

웃음의 신체적 효과에 초점이 있으며 혈액순환과 산소공급을 증가시켜 주는 '유산소 유머(aerobic humor)'와 '내부 주요 장기의 내적인 조깅(internal jogging for all the major organs)'으로 나눌 수 있다. 웃음을 유발할 수 있는 소재들을 이용하고 사람들 간의 관계와 지지의 중요성을 상기시킨다.

(3) 래프터 클럽(laughter clubs)

인도의 의사인 카타리아(Madan Kataria)에 의해서 1995년 한 공원에서 5명과 함께 시작되었으며 현재 전 세계적으로 5,000개의 래프터 클럽이 있다고 한다. 처음에는 한 사람씩 농담을 하면서 웃는 것으로 시작하였으나 점차 성적인 내용을 다루거나 부정적인 유머로 변하면서 한계를 느끼게 되었고 우스운 말이나 생각 없이 웃는 것으로 발전하게 되었고 요가 동작처럼 웃음운동으로 이루어져 있으며 유머의 신체적인 면이 강조되고 있다. 그러나 나와 주위 사람들을 행복하게 만드는 내적인 웃음을 생활과 삶의 하나로 이루어지게 하는 것을 강조하며 만들어진 신체적인 웃음 뒤에 감정적인 편안함이 뒤따른다고 소개하고 있다. 특별한 금기는 없으나 모든 신체적 운동이 그렇듯이 한번에 20~30분 이내로 하는 것으로 제한하고 있다.

3) 유머치료의 역사

(1) 태동기

정신분석학의 개척자 프로이드는 1905년 《유머와 무의식과의 관계》라는 책에서 유머, 위트, 웃음은 걱정, 공포, 분노 등 부정적인 감정을 극복하는 방어기제가 된다고 적었다. 또한 프로이드는 웃음은 사회적 관계를 형성한다고 지적했고, 이것은 정신분석학을 공부한 심리학자나 정신과 의사들에게 있어 환자들을 치료하는 데 웃음을 폭넓게 사용하게끔 했다

치료적 관점에서의 웃음치료의 태동은 미국 토요신문 편집장이었던 노만 커즌즈로부터 시작되었다. 난치병인 강직성 척수염에 걸려있던 그는 웃음을 병에서 회복했고, 이후 스탠포드대학, 하버드 대학과 공동으로 웃음에 대한 연구논문을 발표하기도 했다.

이후 그는 웃을 때는 얼굴 근육이 이완되어 뇌로 가는 혈류량이 증가되고 엔돌핀의 분비가 증가되고 자연살상세포가 증가된다는 다양한 연구결과를 발표했다. 그리고 억지로 웃는 웃음도 효과가 있고 혼자 웃는 것보다 여럿이 웃는 것이 더 효과적이라는 것도 밝혀냈다. 1980년대 이후 수많은 학자들이 웃음에 대한 관심과 임상실험을 실시하면서 그 효과가 과학적으로 검증되었다.

(2) 발전기

노먼 커즌즈(Norman Cousins) 박사의 《질병의 해부》라는 책의 출간을 통해 웃음요법을 전 근대적인 신체적 표현으로만 여기던 의학계에 관심을 불러 일으켰다. 스탠포드 대 의과대학의 윌리엄 프라이(William Fry) 박사는 미국에서 웃음치료에 대한 체계를 세운 의사로 웃음과 유머가 건강에 미치는 효과를 발견하고, 《치료제로서의 웃음》이라는 책을 발간했다. 미국의 캘리포니아 주립대 간호대학교수이며, 간호사였던 베라 로빈슨(Vera Robinson) 박사는 최초의 웃음교과서인 《유머와 의료진》이라는 책을 발간했다.

1986년 캐나다의 심리학자인 허버트 레프코트 (Hebert Lefcourt)와 로드 마틴(Rod Martin)은 《유머와 라이프 스트레스》라는 책에서 스트레스와 정서 반응에 대한 결과를 밝혔는데, 스트레스를 해소하는 수많은 방법 중에 유머와 웃음이 가장 좋은 효과를 나타낸다고 하였다.

(3) 전환기

웃음치료 (요법)는 미국 캘리포니아주 로마린다 의과대학의 리버크 교수와 스탠리 탠 교수에 의해 의학적 근거가 입증되어 전환기를 맞게 된다. 두 사람은 웃음과 면역체계에 대한 연구로 전세계의학계에 비상한 관심을 불러 일으켰다.

실험은 1시간가량의 코믹비디오를 보여주면서 비디오를 보기전과 보고 있을때, 그리고 보고 난 뒤 혈액속의 면역체의 증감을 알아본 바 병원균을 막아내는 항체인 감마 인터페론이 200배가 되었음을 발견하였다. 이들은 웃음이야 말로 대체의학이 아니라 진짜 의학이라고 주장한다.

웃음치료 간호의 효시인 패티 우텐(Patty Wooten)은 간호사들을 위한 웃음교본을 두 권이나 저술하였고, 웃음부대를 조직하여 병실을 돌면서 환자의 기분을 전환하여 주고, 웃음을 환자들의 치유제로 사용하는 프로그램을 운영하고 있다.

(4) 활성화기

웃음치료는 환자뿐만 아니라, 일반인을 대상 또는 기업경영에도 도입되고 있다. 웃음을 모든 사람에게 적용하는데 공헌한 사람은 웃음 클럽 인터내셔널을 창설한 인도의 마단 카타리아(Madan Kataria)로 인도의 가정의학과 의사이다. 1995년 3월 자신을 포함해 5명으로 시작했던 웃음클럽 인터내셔널은 웃음요가를 통해 환자뿐만 아니라 일반인들에게도 즐거움과 건강, 행복, 안도감을 전하고 있다. 일반대중을 대상으로 웃음운동을 전개하고 있으며, 치료적 의미의 웃음이라기보다는 건강운동으로 활발한 발전을 이어가고 있다.

웃음치료를 과학적인 임상을 바탕으로 보편화시키고, 활발하게 활동하고 있는 사람이 바로 스티븐 윌슨(Steven Wilson)이다. 스티븐 윌슨은 웃음요가를 창설한 마단 카타리아 의사의 웃음요가를 심리학적인 연구방법 및 임상을 바탕으로 창작 개발하여 웃음치료(요법)를 향상시켰다. 현재 전 세계에 웃음클럽(World Laughter Tour. Inc)을 운영하고 있으며, 대중을 상대로 활발하게 운영하고 있다.

(5) 국내웃음치료의 현황

현재는 의료중심뿐만 아니라 레크리에이션 분야, 교회중심의 성경적 웃음치료, 요가에 웃음을 가미한 웃음요가, 웃음태교, 웃음치료사 자원봉사단체까지 생겨나고 있다.

현재 병원에서 웃음치료를 정식 과목으로 인정하여 수가를 발생시켜 웃음치료를 하는 기간은 아직 없다. 다만 서울대학교 병원 가정의학과 내에서는 웃음치료를 받고자 하는 환자 군에서는 의사들의 정확한 진단 하에 웃음치료 오더를 받은 뒤 개인 혹은 그룹웃음치료를 지속하고 있다. 이에 국내 최초로

명지대학교 대학원 평생교육학과 유머웃음치료학 석사과정이 개설되어 많은 학생이 유머와 웃음, 건강과의 상관관계에 대해 연구하고 있다.

4) 웃음의 건강증진 효과

웃음을 둘러싼 그 동안의 연구논문을 종합해보면 웃음은 마음뿐 아니라 몸도 편하고 건강하게 해준다는 사실을 알 수 있다. 한번 웃는 것을 운동과 비교해보면 에어로빅 5분 동안 하는 효과와 맞먹는다.

우리 몸에 내장을 지배하는 신경이 자율신경인데 이 자율신경은 교감신경과 부교감신경으로 구분된다. 놀람, 공포, 불안, 초조, 짜증은 교감신경을 과민하게 만들어 심장을 크게 상하게 하고 여러 장기의 활동에 해를 끼친다. 반면 웃음은 부교감신경을 자극해 자율신경을 자유롭게 하고 심장을 천천히 뛰게 하며 우리 몸의 상태를 편안하게 해준다. 특히 배꼽을 뺀다고 표현하는 웃음, 즉 폭소는 긴장을 이완시켜 주고 혈압을 낮추며 혈액순환을 도와주고 질병에 대한 저항력을 기르는데 탁월한 효과가 있다.

폭소는 상체운동이 될 뿐만 아니라 위장과 가슴근육, 그리고 심장까지 운동하게 만든다. 사람이 쾌활하게 웃을 때에는 우리 몸에 650개의 근육 중에 231개의 근육을 움직인다. 웃음이 명약이라는 이야기도 나오고, 아리스토텔레스는 웃음을 건강에 유익한 육체운동이라고 했던 것이다.

정신적인 긴장을 풀어주고 신장 등 내장의 움직임을 조화롭게 해주고 위장운동을 활발하게 해주고, 뇌와 근육에 산소공급을 증가시키며 혈압을 일시적으로 낮추기까지 하는 등 다양한 건강효과가 확인되고 웃음은 이제 만병통치약으로 불려도 무방할 정도의 효과를 보이고 있다.

장수노인들을 조사해보면 대부분 농담도 잘하고 웃음소리도 크다고 한다. 유머를 잃고 심한 노여움이나 초조, 긴장된 나날들을 보내는 것처럼 몸에 나쁜 것은 없다.

(1) 웃음의 신체적 효과

① 웃음의 운동 효과

웃음은 운동이다. 웃으면 우리 몸의 많은 기관들이 자극을 받는다. 심장박동이 두 배로 증가하고, 허파 속에 남아 있던 나쁜 공기가 신선한 산소로 빠르게 바뀌고 근육또한 활발히 움직이므로 웃는 것만으로도 운동의 효과를 볼 수 있는 것이다 따라서 웃음운동도 계획이 있어야 하며, 매일 정기적으로 실시되어야 큰 효과가 있다. 웃음치료는 '웃음은 운동'이라는 인식에서 시작된다.

② 웃음과 다이어트

미국 워싱턴 신문은 '웃어서 살을 빼라'라는 기사로 인하여 웃음다이어트 효과가 알려지면서 미국에서는 1,000여 곳, 전 세계적으로는 3,000여 곳이 생겨나고 있다고 보도했다. 또한, 웃음이 다이어트에 도움이 된다는 연구 결과가 나왔다. 연구는 45쌍의 남-남(7쌍), 남-여(21쌍), 여-여(17쌍) 커플을 상대로 웃음과 칼로리 소모 관계를 정밀 측정하는 방식으로 이뤄졌다.

연구진은 호텔 방 형태로 특수 제작된 신진대사 실험실에서 코미디 비디오 프로그램과 일반 프로그램을 보여주며 휴식을 취할 때와 웃지 않고 비디오를 시청할 때, 웃으면서 시청할 때의 소비 열량을 측정했다. 특히 연구진은 의도적인 웃음을 막기 위해 실험 대상자들에게는 다양한 비디오테이프를 볼 때의 감정 반응을 테스트하는 것이라고만 밝혔다.

실험 결과 웃을 때는 평상시 보다 20% 이상 많은 열량을 소모하는 것으로 나타났다. "하루에 10~15분씩만 웃어도 1년에 2kg의 체중감량 효과를 있다는 얘기가 된다."고 말했다.

③ 웃음의 면역 증가 효과

40여 년 동안 웃음을 연구해 온 미국의 스탠포드대학교 심리학과 교수인 프라이 박사는 "백혈구는 박테리아, 바이러스, 암 등을 비롯한 외부물질과 싸우는데 웃음은 이와 같은 백혈구의 생명력을 강화시키는 역할을 한다."고 강조하였다.

또한 자연살해세포(NK세포)라는 매우 중요한 면역세포가 스트레스를 받으면 줄어들거나 활성이 떨어지지만 호쾌하게 웃을 경우에 활동성이 뚜렷이 증가하고 암세포를 제거하는 능력이 향상되는 것으로 나타났다. 미국 인디애나 주립대학교에서는 33명의 주부를 두 그룹으로 나누고 한 그룹에는 즐거운 비디오를 보게 하고, 다른 한 그룹에는 여행비디오를 보게 했다. 그리고 1시간 후 혈액을 채집하여, NK세포의 변화를 관찰한 결과, 얼마나 많이 웃었느냐는 것과 NK세포의 활동성 사이에 강한 상관관계가 있었으며, 활동성이 증가한 NK세포와 암세포를 같은 사례 안에 넣고 2시간 동안 관찰한 결과 활성화된 NK세포는 강력한 힘을 발휘한 것으로 나타났다.

근육이 움직일 정도로 크게 그리고 유쾌하게 웃으면, 이러한 웃음이 터지는 그 순간에 면역세포는 왕성한 활동을 시작하고, 그 효과는 12시간이 지난 후에도 크게 줄어들지 않는다고 한다.

웃음으로 인해 향상된 면역기능이 실제로 환자들에게 얼마나 도움이 되는지는 몇가지 시례를 통해서 알 수 있다. 일본 의과대학 류머티스과 요시노박사는 실험을 통해 류머티스 환자들이 웃고 난 후 염증이 급격하게 줄어드는 효과를 발견하였고, 환자들에게 언제나 웃음을 잃지 않도록 웃음을 치료보조제로 처방하고 있다.

웃음치료 후 통증이 완화된 사례는 많다. 관절염, 두통 등 통증에 관련된 질병은 빠르게 효과를 본다. 우리가 크게 웃을 때 모르핀보다 약 300배 강한 엔케팔린 같은 자연 진통제가 생성된다.

로마린다 의대의 버크교수는 『웃음과 면역체의 관계』라는 논문에서 다음과 같이 발표를 했다.

- 웃음은 에피네프린과 도파민 같은 스트레스 호르몬의 감소를 가져온다.
- 웃음은 다른 세포의 도움 없이 종양과 바이러스를 공격하는 백혈구를 양과 활동에서 증가시킨다.
- 웃음은 면역체의 반응을 조직하는 데 도움을 주는 T세포를 증가시킨다. 또한 웃음은 T세포를 증가시킨다. 그리고 웃음은 T세포에게 어떤 일을 하도록 준비시키도록 활성화한다.
- 웃음은 호흡기관에서 염증을 막아주는 항체 면역글로빈 A를 증가시킨다.
- 웃음은 면역체를 준비시켜 바이러스를 공격하고 세포의 성장을 조정하는 호르몬

- 웃음은 임파절 주변에 모여 해로운 미생물체를 대항하는 항체를 생성하는 B세포를 증가시킨다.
- 웃음은 항체가 감염되었거나 제 기능을 발휘하지 못하는 세포를 없애도록 돕는 보조세포를 증가시킨다.

(2) 웃음의 정신적 효과

웃음치료는 인지행동치료의 한 부분으로 웃음이라는 즐거운 경험을 통해 감정을 조절하고, 질병이나 현 상태를 올바르게 수용하며, 불안이나 공황장애로부터 벗어날 수 있다. 자발적인 웃음과 비자발적인 웃음을 통해 즐거운 경험을 할 수 있게 한다. 그리고 이 웃음을 통해 나와 세상과의 관계를 평온하게 유지시켜 줌으로써 건강한 삶을 영위할 수 있다.

Isen(1993)에 따르면 "사람들은 기분(mood)으로 정신진행과정을 바꿀 수 있다."라고 한다. 사람들은 기분이 좋을 때 학습능력(heuristic thinking: 발견을 돕는 생각 또는 학습을 높을 수 있는 생각)을 갖게 해 주며, 동시에 좋은 기분은 사람들의 결정능력을 갖게 하여 보다 신속하고, 효과적으로 내릴 수 있도록 돕는다. 긍정적 기분(positive thinking)은 창의력을 촉진시키며, 도전적인 문제들에 반응할 수 있도록 만들어 주며, 내구력을 갖도록 동기를 부여해 준다. 즉 의도된 웃음일지라도 (억지웃음 포함) 부정적인 감정을 긍정적 감정으로 변화시키고, 좋은 방향으로 이끄는 것이다.

웃음이라는 즐거운 경험을 통해 감정을 조절하고, 질병이나 현 상태를 올바르게 수용하며, 불안이나 공황장애로부터 벗어날 수 있다. 자발적인 웃음과 비자발적인 웃음을 통해 나와 세상과의 관계를 평온하게 유지 시켜 줌으로써 건강한 삶을 영위할 수 있다.

① 신체 이완활동을 통한 긴장감 해소 및 자발성증진
② 학습능력 향상 → 사람은 기분이 좋을 때 학습효과를 높일 수 있다.
③ 신속하고 효과적인 의사결정 → 좋은 기분은 결정능력을 갖게 한다.
④ 창의력 촉진 → 긍정적 기분은 창의력뿐만 아니라 도전적인 문제에 반응할 수 있게 한다.
⑤ 스트레스와 긴장, 우울을 해소시켜 준다.

(3) 웃음의 사회적 효과

사람은 태어나서 죽음을 맞이하기까지 여러 가지 형태로 웃음을 접하게 된다. 무엇보다 입을 열고 함께 웃음을 인해 인간관계가 좋아진다. 즉 입을 열고 웃는다는 것은 마음이 열린 상태에서만 가능하다. 마음이 열린 상태에서는 자신감이 회복되고, 스트레스가 감소되며, 어떤 일에 대한 열정이나 창의력이 크게 향상된다. 그리고 자신을 표현하는 방식이 수월할 뿐 아니라, 즐거운 감정을 통해 행복감을 느끼게 된다.

또한 인간관계를 좋게 한다. 현재는 펀 리더와 관련하여 웃음을 많이 적용시켜 업무 및 조직력 활성화에 많이 적용하고 있다.

① 대인관계가 좋아짐
② 우울 및 자살발생율 감소 : 사회약으로서의 웃음은 사회적 소외와 우울을 줄여 자살을 예방할 수 있다.

③ 의료보험료 및 사회적 경비 절감 : 취약계층 및 의료취약계층을 위한 웃음치료를 함으로써 건강유지 비용의 절감 및 불필요한 외래진료 치료비용을 줄일 수 있다.

④ 웃음치료를 통한 정확한 건강정보 전달

6) 유머스타일

유머 감각에의 다차원적인 접근법을 개발함에 있어, Martin 등(2003)은 순응적이거나 비순응적인 것으로 설명되어 온 유머스타일을 정의하기 위하여 유머와 웰빙의 관계에 대한 과거의 문헌을 검토하여 2가지의 순응적 유머스타일과 2가지의 비순응적 유머스타일을 설명하고 있다. Kuiper 등(2004)은 이 같은 4가지의 유머스타일에 대해 다음과 같이 밝히고 있다. 두 가지 순응적 유머스타일은 자신(자기 고양 유머) 또는 타인(관계적 유머) 집중적인 것이다.

첫 번째 순응적 유머스타일은 자기 고양 유머이다. 자기 고양 유머가 뛰어난 사람들은 일상생활에서 유머러스하게 앞을 바라보며, 잠재적으로 스트레스를 주는 사건이나 상황에서도 유머러스한 전망을 견지할 수 있다. 이들은 생활에서의 현실적인 전망은 계속 유지하면서도 유머를 부정적인 정서를 최소화시켜 줄 수습책으로 사용한다. 자가 고양 유머는 자기 자신을 방어하며 충격을 완화시킬 수 있게 해 주지만, 남의 힘을 빌리는 것은 아니다.

두 번째의 순응적 유머스타일은 관계적 유머이다. 관계적 유머는 상호간 및 사회적 관계를 고양시키기 위하여 유머를 사용하는 데에 집중한다. 유머는 그룹의 사기, 동질성 및 웰빙에 관한 남의 관심을 제고시키고 결합력을 고취시키는 데에 도움이 된다. 유머의 이러한 비적대적인 사용에는 상호간의 긴장을 감소시키고 남과의 관계를 보다 친밀하게 해 줄 농담도 포함된다. 자신과 남 모두를 수용하며 인내하는 순응적 유머스타일과는 대조적으로, 두 가지의 비순응적 유머스타일은 해악적이며, 잠재적으로 자신(자기 파괴적 유머)과 남(공격적 유머)의 어느 일방에 손상을 입히는 것이다.

첫 번째 비순응적 유머스타일은 자기 파괴적 유머이다. 자기 파괴적 유머가 높은 사람들은 예를 들면, 남의 인정을 받기 위해 상호 관계를 고양시켜 보려는 부적절한 시도로서 지나친 자기 비하나 비위를 맞추려는 유머를 구사한다. 유머는 자기 해악적 양식으로 표현되며 개인적 노력도 많이 드는 것이다. Martin 등(2003)에 의하면 자기 파괴적 유머의 수준이 높은 사람들은 모호한 부정적 감정을 숨기거나, 문제를 건설적으로 다루기를 회피하기 위하여 이런 양식을 사용한다고 한다.

마지막의 비순응적 양식은 공격적 유머이다. 공격적 유머는 남을 끌어내리고 훼손시키기 위하여, 집적거리거나, 조롱한다거나, 냉소적이며 헐뜯는 등의 다양한 부정적인 유머 기술을 구사하게 된다. 공격적인 유머는 남에게 잠재적으로 부정적 영향을 미친다는 것은 고려하지 않고 나타난다. 궁극적으로 이들은 소외되며, 사회적 및 상호 관계가 심각하게 손상되게 된다고 밝히고 있다.

저자 소개

이 기 세

경찰학 박사/체육학박사
전 우석대 경호비서학과 교수
　　경찰종합학교 외래교수
　　경찰교육원 외래교수
　　세종정부청사 보안자문
　　인천광역시 공무원 연수원 외래교수
　　국립인천대학교 대학원 외래교수
　　초당대학교 대학원 외래교수
　　대한가라테연맹 대학회장
　　한국사회안전융합건강학회장
현 실버태권도협회 자문교수
　　한국사회안전융합건강학회 고문
　　인천광역시 체육회 공정위원(사무)
　　배드민턴 대학연맹 공정위원장
　　평택시 체육회 정책위원
　　평택시 체육진흥과정책위원
　　평택경찰서 발전위원회 위원
　　국제대학교 스포츠지도학과 학과장
　　국제대학교 스포츠학부 학부장
　　국제대학교 체육진흥센터장

최 지 숙

인천대학교 체육학 석·박사
전 현대태권도체육관 관장
현 인천대학교 평생교육원 강사
　　국제대학교 스포츠학부 강사
　　사)실버태권도협회 상임부회장
　　인천시태권도협회 실버분과위원장
　　실버태권도연구소 소장
　　한국골프학회 이사
　　한국골프학회 파크골프위원회 위원
저서 《호신술과 경호무술》, 《경호무도》
　　《100세 건강시대 실버태권도》
　　《파크골프 지침서》

박 창 완

현 대한생활체육회 파크골프협회장

김 은 숙

태권도 9단
품새 국가대표
가천대학교 일반대학원 체육학 석사 졸업
한양대학교 일반대학원 체육학 박사 수료
평택대학교 통번역 대학원 한국어교육학과 석사 졸업
한라 태권도 체육관 운영(1993년 ~ 현재)
국기원 이사(현)
현 국제대학교 태권도학과 교수
　　국기원 기술심의회 여성 분과 위장
　　경기도 태권도 협회 이사
　　파주시 태권도 협회 부회장
　　김운용 올림픽 조직위원회 여성 본부장
전 한양대학교 미래 인재 교육원 겸임 교수
　　국기원 기심회 국제 분과 위원장(2023, 2024년)
　　국기원 대외협력위 부위원장
　　국기원 상벌위원회 위원
　　국기원 태권도 연구소 객원 연구원
사)실버 태권도 협회 시범단 감독
국기원 시범단 코치, 시범단원 선발 평가위원
주한 외국인 지도사범 품새 표준화 교육 교수
경기도 도장 활성화 추진 공모전 평가위원
1급 태권도 국제 사범
1급 태권도 승품, 단 심사 위원
2급 전문체육지도자

곽 지 영

인천대학교 체육학 석·박사
인천대학교 스포츠과학부 겸임교수
인천대학교 평생교육원 강사
한국골프학회 상임이사
한국골프학회 파크골프위원회 위원
인천광역시 체육회 심의위원회 위원
인천광역시 서구 스포츠공정위원회 위원
KLPGA 회원

김 진 희

경희대학교 동서의학과 대체의학 박사
(자격)
-국제중의사/국제침구의사
-미국 폴스타필라테스 지도자
-자이로토닉 지도자
-체형교정1급 지도사
-운동치료사1급
-스포츠영양사
-대한파크골프연맹1급지도자
-대한파크골프연맹2급 심판지도자
-전, 태권도사범
〈스튜디오 경력〉
전　조선호텔클럽 VIP 전담
　　제이피 스튜디오 대표
　　알레스 스튜디오 대표원장
　　한국예술종합학교 강의
현　발리너스 협회장
　　발리너스사회적협동조합 대표
　　국제대학교 스포츠학부 외래교수

이 용 완

명지대학교 통합치료대학원 생활체육교육학과 석사
전　평생교육기구 이사
　　국제대학교 특임교수
현　사단법인 대한합기도총연맹 이사
　　대한특전무술협회 자문위원
　　대학배드민턴연맹 이사
　　사) 대한레이저사격연맹 2급전문지도사
　　국제대학교 스포츠학부 외래교수

신 영 미

명지대학교 통합치료대학원 석사과정
전문스포츠지도사 2급
전　동서증권 사격선수
　　국가대표 상비군 사격팀 코치
현　부천시 사격연맹 전무
　　국제대학교 평생교육원 레이저 사격 전문지도자

김 보 영

현 KSLS 대한표준레이저사격 사격전문교육기관 대표
자격 및 경력사항
한국놀이문화레크리에이션 지도자 2급/사)놀이문화협회
한국여가레크리에이션 지도자 1급/한국여가레크리에이션
한국여가레크리에이션 노인여가레크리에이션 지도자1급
전문미술실기지도자 1급 자격증 취득/ 백석예술대학
현　국제대학교 스포학부 교육과정개발위원(외부)
　　국제대학교 스포츠학부 외래교수
　　대한레이저사격연맹 감사